Das neue, einheitliche Lehrbuch für Angler, die ihre Sportfischer-Prüfung praktisch und theoretisch bestehen wollen.

Der Sportfischer

 jetzt auch mit theoretischem Prüfungsteil!

Das Buch, das mit über 450 Bildern die Geräte und die Fischereimethoden erklärt und verständlich darstellt.

Mit vielen Tricks und Tips für Anfänger und Profis.

2. Auflage 1995

© Copyright by HoSpo Hobby-Sport Verlag GmbH,
Köln 1995

Konzeption, Redaktion und Gesamtherstellung: HoSpo
Hobby-Sport Verlag GmbH, Antwerpener Straße 14,
50672 Köln, Telefon: 02 21 / 51 60 94,
Telefax: 02 21 / 51 60 93

Umschlagbild: Fotostudio M 2, Köln
Spritztechnik-Illustrationen: Norbert Cames
Druck und Verarbeitung: Druckhaus Lübbe, Bergisch
Gladbach

Für die technische Beratung und Unterstützung danken
wir folgenden Firmen:
Angelgeräte Sänger mit den Marken Berkley,
Shakespeare, Normark, Kamasan, Rapala, Plano,
Dieter Eisele und Vibrax.

Für die fachliche Beratung und Unterstützung bedanken
wir uns bei den Herren Heinrich Ollig, Winfried Dobbrunz,
Kurt Muskat und Frank Veltrup.

ISBN-3-9801184-0-1
Printed in Germany

Inhaltsverzeichnis

	Seite
Vorwort	5
Einführung	6
Ruten, Geschichte und Werkstoffe	6 - 8
Ruten-Eigenschaften	8
Ruten-Bestandteile	9 - 10
Ruten-Ringe	11
Ruten-Pflege	11
Rollen, Geschichte und Entwicklung	12 - 16
Schnüre	17 - 18
Vorfächer	19
Knoten	19 - 20
Bißanzeiger	21 - 23
Bleie	23 - 24
Wirbel	25
SIMPL	25
Haken	25 - 26
Natürliche Köder	26 - 30
Künstliche Köder	30 - 33
Zubehör	34 - 36
Wurftechniken	37 - 43
Das Fischen mit der unberingten Stipprute	44 - 49
Das Fischen mit der beringten Stipprute	50 - 57
Das Fischen mit der Grundrute	58 - 63
Das Fischen mit der Raubfischrute	64 - 67
Das Fischen mit der Fliegenrute	68 - 73
Das Fischen mit der Spinnrute	74 - 79
Das Fischen mit der Brandungsrute	80 - 85
Das Fischen mit der Dorschrute	86 - 91
Das Fischen mit der Makrelenrute	92 - 95
Jedes Hobby hat seinen Preis	96
Sachwortregister für den praktischen Prüfungsteil	97 - 101
Literaturverzeichnis für den praktischen Prüfungsteil	101
Theoretischer Prüfungsteil Einführung	104
Allgemeine Fischkunde	105 - 113
Spezielle Fischkunde	114 - 125
Gewässerkunde, Fischhege, Natur- und Tierschutz	126 - 140
Gerätekunde	141 - 147

Vorwort

Liebe Petri-Jünger und die, welche es noch werden wollen. Bis heute ist „Der Sportfischer" ein treuer Helfer für jährlich tausende von Anglern auf dem Weg zur erfolgreichen Sportfischer-Prüfung. Darüber hinaus begleitet er täglich eine Vielzahl von erfahrenen Petri-Jüngern bei der Suche nach der Verbesserung ihrer Fischereimethode und bei Antworten auf offene Fragen im Fischereigerätebereich. Viele von ihnen haben den Sportfischer weiterempfohlen und damit unsere Leserschaft jährlich vergrößert.

Insbesondere die große Mannschaft der qualifizierten Ausbilder für die Sportfischer-Prüfung, der Kursleiter und Angelgerätehändler haben dem Sportfischer zu seiner heutigen Bedeutung im deutschsprachigen Raum verholfen. Dafür besonderen Dank an dieser Stelle.

In der Zwischenzeit haben wir neue Erfahrungen gesammelt, gute Tips erhalten, aufmerksam die Entwicklung der Geräte-Industrie verfolgt und so manchem Profi über die Schulter geschaut. Diese Erkenntnisse und Hinweise sind nun in die neuste Auflage „Der Sportfischer" eingeflossen. Alles ist auf den neusten Stand gebracht und ausführlich erklärt, wie man es eben von einem Standardwerk für den Angelsport erwartet.

Besondere Mühe haben wir uns bei der Erweiterung um den theoretischen Teil gegeben. Diese Arbeit war nur mit der Unterstützung vieler Kursleiter, Gerätevertreiber und Spezialisten aus ganz Deutschland möglich. Auch ihnen nochmals vielen Dank an dieser Stelle.

Beim Studieren und Lesen unseres Sportfischer-Buches wünschen wir Ihnen viel Spaß und für Ihre eventuelle Prüfung besonders glänzenden Erfolg.

Ihr HoSpo-Team

Einführung

Bis vor wenigen hundert Jahren war der Fischfang allein Nahrungserwerb, im Laufe des Industriezeitalters wurde das Angeln als Freizeitbeschäftigung eines größeren Bevölkerungskreises entdeckt.

Bei den ersten Anfängen des Fischens wurde nur ein Sperrhaken, verbunden mit einem Stück Tierdarm, später mit geflochtenem Haar, verwandt.

Angelrute und Angelrolle waren zu Beginn unbekannt. Selbst heute noch wird von vielen Naturvölkern in Südamerika und Asien der Fischfang nur mit Schnur und Haken ausgeführt.

Die erste Schnur, die an das Ende einer biegsamen Holzrute gebunden wurde, brachte für die Angelei entscheidende Vorteile, konnte man doch jetzt die stürmische Flucht eines größeren Fisches mit Hilfe dieses Holzstabes abfedern, so daß es auch gelang, größere Fische zu fangen, die bei der Handangelmethode die Schnur unweigerlich gesprengt hätten.

Dieses Abfedern des Fisches ist noch heute eine der wichtigen Aufgaben von Angelruten. Erst sehr viel später wurden Angelrute, Schnur und Haken um eine Angelrolle ergänzt.

Die ersten Rollen hatten nur die Aufgabe, die Schnur zu speichern und dem Fisch nach dem Anbiß auf der Flucht Schnur zu geben und ihn anschließend im Drill zu ermüden.

Man vergegenwärtige sich, daß ein Fisch im Wasser aufgrund seines spezifischen Gewichts, das dem des Wassers nahezu entspricht, sozusagen schwerelos ist. Die einzige Kraft, die bei großen Tieren die Schnur sprengt, ist die vom Fisch ausgeübte Schwimmkraft. Wenn diese Schwimmkraft durch verlängerte bzw. verkürzte Schnur nach einem gewissen Zeitraum erlahmt, ermüdet der Fisch und schwimmt vor Erschöpfung in die Seitenlage, „er zeigt weiß" (nämlich die Bauchseite).

Jetzt kann man selbst schwere Fische, die sich nicht mehr wehren, mit relativ dünnen Schnüren von geringer Tragkraft unter Anwendung eines Landegerätes sicher landen.

Dieser revolutionierende Vorteil war nur mit der Angelrolle möglich, da sie in der Lage ist, Schnur zu geben, sie aber auch wieder sauber aufzurollen.

Das Auswerfen mit den ersten Rollen war nicht einfach. Es kam sehr häufig zum Überschlagen der Spule und zum Nachlaufen und Verhängen der Schnur.

Erst mit der Erfindung und Einführung moderner Wende-, Stationär- und Multiplikatorrollen wurde das Werfen vereinfacht. Einen großen Beitrag hierzu leistete auch die Einführung monofiler (einfädiger) Nylonschnüre.

Moderne Kombinationen (Rute, Rolle, Schnur usw.) zeichnen sich durch folgende Eigenschaften aus:

Für die Rute Wurfeigenschaften, schnelle Aktion zum sauberen Setzen des Hakens, starkes Rückgrat für einen sicheren Drill und nötige Reserven zum Landen.

Für Rollen ist es wichtig, daß sie die Schnur ohne Beschädigung sauber ablaufen lassen, die Bremse ruckfrei arbeitet, die Handhabung einfach und das ganze Gerät leicht zu reinigen ist.

Schnüre sollten einen gleichmäßigen Durchmesser besitzen, über entsprechende Tragkraft (im Verhältnis zum Durchmesser) verfügen und ideal geeignet sein für den Wurf. Das heißt, sie sollten nicht zu starr, aber auch nicht zu weich sein.

Bißanzeiger sollen der Situation angemessen reagieren. Gute Wirbel sollen die Übertragung des Dralls auf die Schnur verhindern, und Haken sollen vor dem Fischen immer mit einem Schleifstein geschliffen werden.

Wenn man jetzt noch an Kescher, Meß- und Betäubungsgerät, Messer, Hakenlösegerät und Rachensperre denkt und sich reichlich mit Ködern versorgt, steht einem erfolgreichen Angeltag nur noch die erfolgreiche Teilnahme an der Sportfischer-Prüfung im Wege.

Ruten

Werkstoffe

Das erste Material, aus dem in Europa Ruten hergestellt wurden, war Holz. Später kamen aus Asien Ruten aus Bambus.

Die Bambusruten hatten gegenüber den Holzruten zahlreiche Vorteile. Sie waren leichter, elastischer und damit bruchfester.

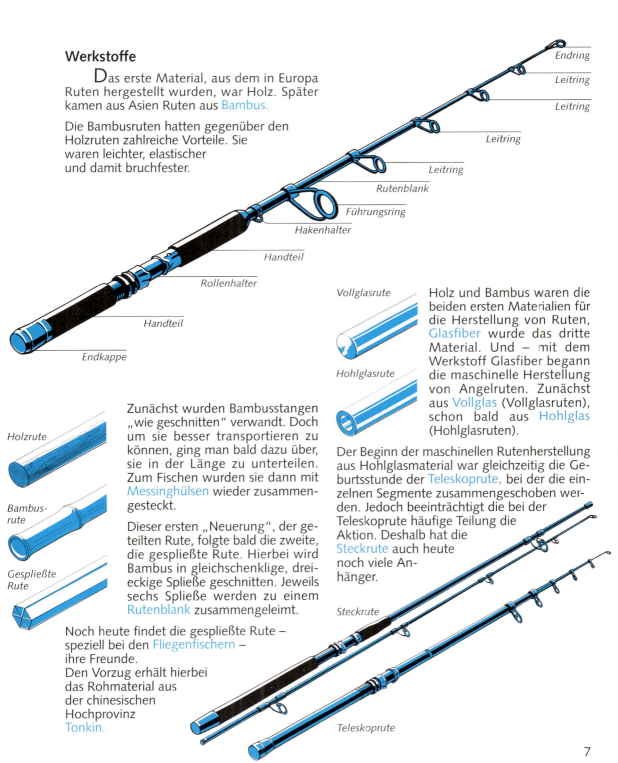

Zunächst wurden Bambusstangen „wie geschnitten" verwandt. Doch um sie besser transportieren zu können, ging man bald dazu über, sie in der Länge zu unterteilen. Zum Fischen wurden sie dann mit Messinghülsen wieder zusammengesteckt.

Dieser ersten „Neuerung", der geteilten Rute, folgte bald die zweite, die gespließte Rute. Hierbei wird Bambus in gleichschenklige, dreieckige Spließe geschnitten. Jeweils sechs Spließe werden zu einem Rutenblank zusammengeleimt.

Noch heute findet die gespließte Rute – speziell bei den Fliegenfischern – ihre Freunde.
Den Vorzug erhält hierbei das Rohmaterial aus der chinesischen Hochprovinz Tonkin.

Holz und Bambus waren die beiden ersten Materialien für die Herstellung von Ruten, Glasfiber wurde das dritte Material. Und – mit dem Werkstoff Glasfiber begann die maschinelle Herstellung von Angelruten. Zunächst aus Vollglas (Vollglasruten), schon bald aus Hohlglas (Hohlglasruten).

Der Beginn der maschinellen Rutenherstellung aus Hohlglasmaterial war gleichzeitig die Geburtsstunde der Teleskoprute, bei der die einzelnen Segmente zusammengeschoben werden. Jedoch beeinträchtigt die bei der Teleskoprute häufige Teilung die Aktion. Deshalb hat die Steckrute auch heute noch viele Anhänger.

7

Ruten

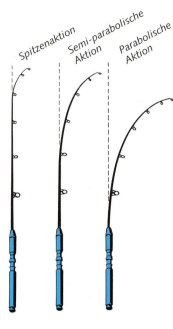

Zum Zusammenstecken der Rute waren früher Hülsen aus Metall notwendig, welche die gesamte Aktion an dieser Stelle unterbrachen. Die heutigen hülsenlosen Verbindungen haben diesen Nachteil nicht mehr.

Hülsenverbindung

Es gibt drei Verbindungsmöglichkeiten:

1. Die Einsteckverbindung
2. Die Übersteckverbindung
3. Die Zapfenverbindung

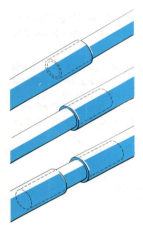

Holz, Bambus, Glasfaser. Drei Meilensteine auf dem Weg zur perfekten Angelrute. Der Weg ging weiter. Mit der Kohlefaser.

Kohlefaser

Der Siegeszug des Kohlefasermaterials war nicht mehr aufzuhalten. Aus Kohlefaser lassen sich heute Ruten bauen, die bedeutend dünner, stabiler und leichter sind als Ruten aus jedem anderen Material. Waren Kohlefaserruten früher noch recht teuer, sind diese heute durch entsprechend hohe Produktionszahlen für jeden Angler erschwinglich geworden.

Darüber hinaus werden Glas- und Kohlefaser gemeinsam im Rutenbau verarbeitet. Das Ergebnis ist eine Glas-/Kohlefaserrute (Mischglasrute), mit einem erstaunlich günstigen Preis.

Eigenschaften

Eines der wichtigsten Kriterien einer Angelrute ist ihr Biegeverhalten, die Aktion. Bei Ruten mit Spitzenaktion ist die Rutenspitze weicher im Aufbau als der Rest der Rute. Bei semiparabolischen Ruten reicht der weiche Aufbau bis in die Hälfte der Rute, bei parabolischen bis in das Handteil.

Generell kann man sagen: Je gleichmäßiger der Rutenaufbau ist, um so höher ist die Belastbarkeit der Rute.

Die Belastbarkeit der Rute drückt sich im Wurfgewicht aus. Das Wurfgewicht ergibt sich aus dem Geschirr (z.B. Posen, Blei, Haken, Köder) und gibt an, mit welchem Gewicht man die Wurfleistung der Rute optimal ausnützt.

Wurfgewichtsangaben sind immer Ober- und Unterwerte.

Eine leichte Rute hat ein Wurfgewicht bis 30 Gramm. Eine mittlere Rute zwischen 30 und 60 Gramm. Eine schwere Rute (für den Raubfischfang) bis 100 Gramm. Pilk- und Brandungsruten bis 300 Gramm.

Für Fliegenruten trifft diese Einteilung jedoch nicht zu. Sie werden nach den Regeln der AFTMA (American Fishing Tackle Manufacturer Association) eingeteilt.

Für das „Big Game"-Fischen gelten die Regeln der IGFA (International Game Fish Association).

Neben der Wurfleistung müssen Angelruten noch andere Eigenschaften erfüllen (siehe Fischereimethoden).

Die Rute muß einen Fisch auch auf große Entfernung und bei dünnen Schnüren sicher haken. Ebenso muß sie den Fisch schnell ermüden und bei der Landung noch notwendige Reserven haben, da hier das Material am stärksten belastet wird.

Bestandteile

Endkappe

Endkappen sind bei Steckruten zum Schutz des Rohlings und zum Schutz vor Verschmutzung notwendig. Die Endkappe kann aus Metall, Plastik oder Kork bestehen.

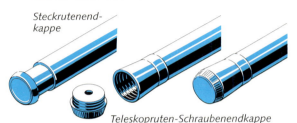

Steckrutenendkappe

Teleskopruten-Schraubenendkappe

Bei Teleskopruten muß die Endkappe abnehmbar sein. Sonst wäre eine sorgfältige Reinigung nicht möglich. Die meisten Endkappen werden über ein Schraubgewinde befestigt, preiswerte Ruten haben lediglich einen Gummistopfen.

Gummistopfen

Handteil

An der Länge des Handteils erkennt man, ob die Rute eine Ein- oder Zweihandrute ist, d. h., ob mit einer Hand oder zwei Händen geworfen wird.

Bei preiswerten Ruten ist das Handteil aus Kunststoff. Er ist leicht zu verarbeiten und leicht zu reinigen. Kunststoff entzieht jedoch der führenden Hand Körperwärme (kalte Finger) und ist nicht besonders rutschfest.

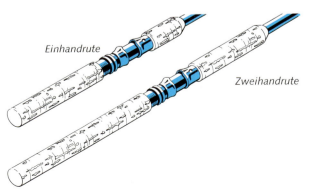

Einhandrute

Zweihandrute

Lederumwickelte Handteile und Moosgummigriffe sind rutschfester und halten die Wärme besser, jedoch ist ihre Reinigung schwieriger.

Das ideale Material ist Kork. Die Vorteile: Kork ist pflegeleicht, läßt sich nacharbeiten, ist auch im feuchten Zustand rutschfest und entzieht selbst bei Kälte der Hand keine Wärme. Der Nachteil: Da Kork ein Naturmaterial ist und nicht in unbegrenzter Menge zur Verfügung steht, ist es das mit Abstand teuerste Material für Handteile.

Rollenhalter

Der auf dem Handteil befestigte Rollenhalter dient dem Befestigen der Rolle an der Rute.

Die älteste Art der Rollenbefestigung, die auch heute noch bei Matchruten vorzufinden ist, ist der Klemmrollenhalter. Der Rollenfuß wird mit nur zwei Metallringen auf das Handteil geklemmt. Diese Art der Montage ist jedoch nur bei Korkhandteilen möglich.

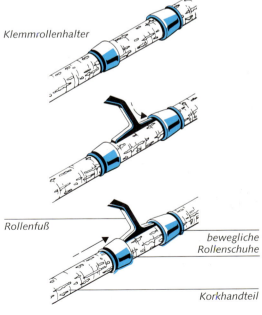

Klemmrollenhalter

Rollenfuß

bewegliche Rollenschuhe

Korkhandteil

Ein weiterer Rollenhalter ist der Rollenhalter an der Pistolengriffrute. Das Handteil ist durchbohrt, der Rollenfuß wird mit einer Schraube

Ruten

fixiert. Dieser Rollenhalter ist nur für Multirollen (siehe Kapitel Rollen) geeignet.

Pistolengriffrute-Rollenhalter

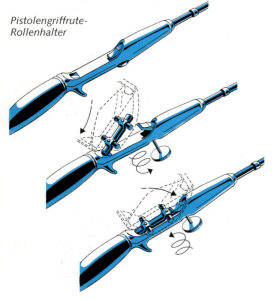

Besonders für leichte Ruten gebräuchlich ist der Klapprollenhalter. Hierbei wird der eine Teil des Rollenfußes in den feststehenden Rollenschuh geschoben. Der zweite bewegliche Rollenschuh wird über den anderen Teil des Rollenfußes gedrückt und mit der Klapp-Spannfeder festgesetzt.

Klapprollenhalter

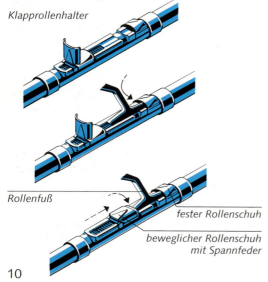

Rollenfuß
fester Rollenschuh
beweglicher Rollenschuh mit Spannfeder

Der am häufigsten verwendete Rollenhalter ist der Schraubrollenhalter. Auch hier wird in einen nicht beweglichen Rollenschuh ein Rollenfuß eingeführt. Der andere (bewegliche) Rollenfuß wird mit einer Mutter festgesetzt. Festen Halt garantiert eine Kontermutter.

Schraubrollenhalter mit Kontermutter

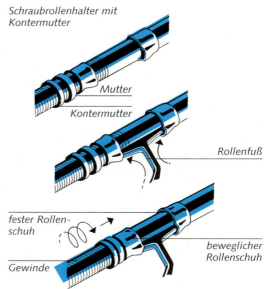

Mutter
Kontermutter
Rollenfuß
fester Rollenschuh
Gewinde
beweglicher Rollenschuh

Moderne Schraubrollenhalter haben keine Kontermutter mehr. Sie haben ein automatisches Konterteil, das sich in der ersten Mutter befindet.

Klapp- und Schraubrollenhalter werden aus Metall, Plastik oder Kohlefaser hergestellt.

Hakenhalter

Für den Transport des fangbereiten Gerätes ist der Hakenhalter ein nützliches Zubehör an der Rute.

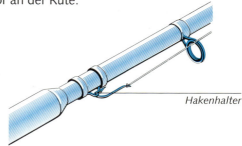

Hakenhalter

Ringe

Der erste Ring (von der Rolle aus gesehen) heißt Führungsring. Er führt die Schnur in Rutennähe und weiter zu den Leitringen, welche die Schnur an der Rute entlang leiten bis hin zum End- oder Spitzenring.

Die Ringe werden mit Kleber oder Bindeseide befestigt.

Die Ringe der Teleskoprute werden meistens mit Kleber befestigt, Ringe mit Ringfüßen mit Bindeseide auf dem Rutenblank festgebunden. Die Wicklung wird später zum Schutz vor Beschädigung mit Lack überstrichen.

Die speziellen Ringe mit Tuben der Teleskoprute nennt man auch Teleskoprutenringe oder Tubenringe. Ringe mit Ringfüßen werden auch Steckrutenringe genannt.

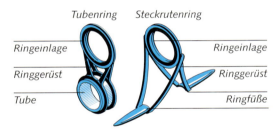

Beim Teleskoprutenring gibt es nur zwei Ringgerüstbauweisen: Brückenbau und Zweistegkonstruktion. Bei den Steckruten gibt es mehrere: Schlangenring (Fliegenruten), Brückenring, Einstegring, Dreistegring, Spinnenbeinring und Rollenring (Bootsruten).

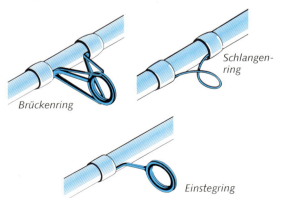

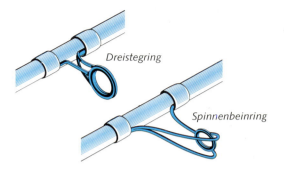

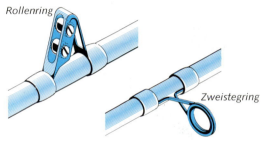

Alle Ringe werden beim Angeln stark belastet, am stärksten der Spitzen- oder Endring.

Früher waren die Ringe aus verchromtem Messing, Stahl, Porzellan oder Achat.

Neue Materialien erfüllen aber ebenfalls höchste Ansprüche. Neben dem Keramikring gibt es den Aluminium-Oxyd-Ring sowie SIC-Ringe, welche bei geringstem Gewicht die größte Härte aufweisen und daher als die besten Ringe gelten.

Hochwertige Ruten werden in Tauchbädern lackiert. Eine Ausbesserung ist mit Zwei-Komponenten-Acryllack möglich (Autoindustrie).

Pflege

Vor jedem Angeln sollte die Rute auf einwandfreie Beschaffenheit kontrolliert werden. Dazu gehört:
tadelloser Sitz der Verbindungen,
sicherer Halt des Rollenhalters,
einwandfreie Oberfläche der Ringeinlagen,
perfekter Halt der Ringe am Rutenblank,
einwandfreier Rohling.

Rollen

Geschichte

Die Geschichte der Rollen ist bei weitem nicht so alt wie die der Ruten. Doch ihre Entwicklung verlief um so stürmischer.

Die ersten Angelrollen waren nichts anderes als eine Holzspule auf einer Messingachse, die über eine Gehäuseplatte durch Rollenfuß und Scheibenrollenhalter an der Rute befestigt wurde.

Alle Rollen, die nach diesem Prinzip arbeiten, heißen Nottinghamrollen. Heute ist nur noch die Fliegenrolle eine Nottinghamrolle, natürlich in verfeinerter Form.

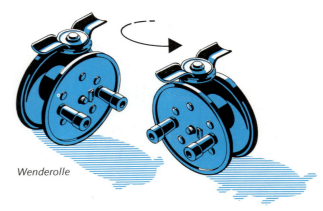
Wenderolle

Nottinghamrolle

Der Nottingham-Rollentyp wurde schon bald von der Rolle mit Übersetzung abgelöst: der Multirolle. Dreht sich bei einer Kurbelumdrehung die Spule der Nottinghamrolle nur einmal, so bringt die Multirolle durch ihre Übersetzung mehrfache Spulenumdrehung. Das spart Zeit und macht das Fischen wirkungsvoller.

Alte Multiplikatorrolle

Als die ersten Multirollen die Anglerwelt beherrschten, war die Fliehkraftbremse noch nicht erfunden. Fast jeder Auswurf wurde zu einem Abenteuer und führte, durch Nachlaufen der Spule, zur „Perückenbildung".

Die Wende kam mit der Wenderolle. Sie ist vom Prinzip eine Multirolle, nur, daß sie zwischen Gehäuse und Rollenfuß ein Gelenk hat. Die vorher quer zur Rute liegende Spulenachse kann nun längs zur Rute gedreht werden.

Ein neuer Rollentyp wurde von dem Engländer Illingworth erfunden und entwickelt: die Stationärrolle, eine Rolle mit feststehender Spule.

Der Engländer baute seiner Gewohnheit entsprechend als Linkshänder die Kurbel an die für ihn ideale linke Seite. Seitdem kurbeln alle europäischen Angler (im Gegensatz zu den Asiaten) mit links angebrachter Kurbel.

Alte Stationärrolle

Die Stationärrolle wurde – besonders in den letzten Jahren – immer weiter verbessert. Hinzu kamen neue Materialien (Kohlefaser) und technische Neuerungen (Gehäusebremse).

Nottingham- oder Fliegenrolle

Dieser Rollentyp wird heute nur noch in der Fliegenfischerei benutzt.

Beim Fliegenfischen braucht man kein aufwendiges Bremssystem, keine hohe Übersetzung. Auch eine „Perückenbildung" beim Wurf ist unbekannt. Wer aber stundenlang geworfen und gefangen hat, weiß, was er braucht: niedriges Gewicht. Und mit diesem Vorteil kann die Rolle, bedingt durch ihre einfache Konstruktion, aufwarten.

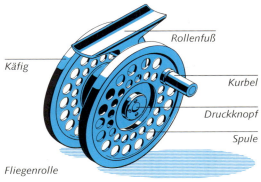

Fliegenrolle — Käfig, Rollenfuß, Kurbel, Druckknopf, Spule

Alle heutigen Fliegenrollen sind nach den neuesten technischen Kenntnissen und aus ausgesuchtem Material gefertigt. Die teuren aus Magnesium, Titan oder Kohlefaser, die preiswerteren aus Leichtmetall.

Hochwertige Rollen haben einen offenen Käfig und stille Hemmung. Allen gemeinsam ist ein Gewicht, das deutlich unter 100 Gramm liegt.

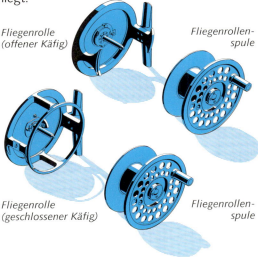

Fliegenrolle (offener Käfig)
Fliegenrollenspule
Fliegenrolle (geschlossener Käfig)
Fliegenrollenspule

Die Fliegenrolle wird nur in Kombination mit der Fliegenrute eingesetzt. Sie wird hängend montiert.

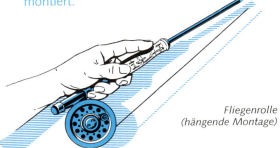

Fliegenrolle (hängende Montage)

Die Weiterentwicklung der Fliegenrolle ist die Automatikrolle, welche die Schnur durch Federkraft einzieht. Durch das manuelle Abziehen der Fliegenschnur wird die Feder gespannt.

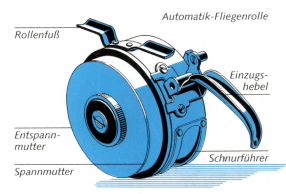

Automatik-Fliegenrolle — Rollenfuß, Einzugshebel, Entspannmutter, Schnurführer, Spannmutter

Die Feder zieht die Schnur in Sekunden gleichmäßig auf die Rolle zurück, während des Drills besteht immer ein unmittelbarer Kontakt zum Fisch. Und darüber hinaus: Die sonst lose auf dem Boden liegende oder im Wasser treibende Schnur kann sich nirgendwo verhängen.

Doch diesen Vorteilen steht ein schwerwiegender Nachteil gegenüber: das hohe Gewicht. Selbst ausgereifte und mit modernsten Materialien gebaute Rollen sind 150 bis 200 Gramm schwer, ein Mehrfaches des Gewichtes einer normalen Fliegenrolle.

Viele Fliegenfischer, die nicht auf ihre Automatik verzichten wollen, greifen deshalb zu einem Trick! Sie befestigen die Automatikrolle an einem Klapprollenhalter (siehe Kapitel Ruten-Bestandteile) und den Halter wiederum mit Nieten an ihrem Gürtel. So fällt das störende Gewicht praktisch weg.

Neben der Automatikrolle gibt es noch die Halbautomatikrolle. Bei ihr wird die Feder nicht automatisch von der abziehenden Schnur gespannt, sondern muß mit einem Hebel oder einem Spannzug eigens aufgezogen werden.

13

Rollen

Stationärrolle

In Europa ist die Stationärrolle das mit weitem Abstand führende Rollenmodell.

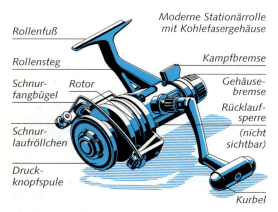

Moderne Stationärrolle mit Kohlefasergehäuse
- Rollenfuß
- Rollensteg
- Schnurfangbügel
- Rotor
- Schnurlaufröllchen
- Druckknopfspule
- Kampfbremse
- Gehäusebremse
- Rücklaufsperre (nicht sichtbar)
- Kurbel

Eine moderne Stationärrolle zeichnet sich durch ein besonders fein abgestimmtes Bremssystem aus.

Kopfbremse

Bis vor wenigen Jahren besaßen die meisten Stationärrollen Kopfbremsen. Sie wurden von den einfacher zu bedienenden Heck- oder Gehäusebremsen abgelöst, die es auch mit aufwendig gebauten Nachführbremsen (Kampfbremsen) gibt.

Mit dem Stellhebel dieser Systeme kann die Bremskraft in Bruchteilen von Sekunden korrigiert werden. Durch Zurückziehen des Hebels können Schnur und Rute entlastet werden (der Fisch schießt bei seiner Flucht ins Leere). Durch langsames Zurückschieben des Hebels verstärkt sich die Bremskraft wieder (der Fisch ermüdet schneller im Drill).

Mit der Nachführbremse hat man Bremskräfte über einen großen Bereich hinweg blitzschnell, sauber und genau im Griff. Bei richtiger Einstellung ist ein Schnurbruch kaum möglich.

Neben dem Bremssystem spielt die Spule eine wichtige Rolle. Gute Spulen haben ein Druckknopf-System für einen Spulenwechsel in Se-

kundenschnelle. Das lästige Auf- und Wiedereinschrauben entfällt.

Hierauf sollte man beim Kauf achten: Das Schnurlaufröllchen sollte aus Edelstahl oder Aluminiumoxyd sein. Es sollte frei rotieren können.

Druckknopfsystem

Die Bügelfeder muß akkurat funktionieren, nicht haken oder klemmen.

Der Rollenrotor sollte auch bei hohen Umdrehungszahlen nicht vibrieren, also genau ausgewuchtet sein. Die Rolle sollte wenigstens ein Kugellager haben.

Daß die Kurbel von Links- auf Rechtshandbetrieb ausgewechselt werden kann, versteht sich von selbst. Ebenso die Möglichkeit, die Kurbel beim Transport anzuklappen. Kleine, aber nützliche technische Hilfen sind u.a. Klipp-Schnurhalter sowie ein- und ausschaltbare Knarre.

Links-/Rechts-Handbetrieb

Bei der Rücklaufsperre ist darauf zu achten, daß Sperren, die über den Rotor wirken und dadurch das Getriebe entlasten, den Sperren vorzuziehen sind, die direkt auf das Getriebe wirken.

Klipp-Schnurhalter

Bei den heutigen kugelgelagerten Stationärrollen sind Übersetzungen von bis 6,2 : 1 (normalerweise 5,0 : 1) möglich. Nicht kugelgelagerte Rollen haben eine Übersetzung von ca. 4,0 : 1.

Auch im Rollenbau ist der Siegeszug der Kohlefaser nicht mehr aufzuhalten. Kohlefasermaterial bringt eine Gewichtsersparnis von 10 Prozent und mehr. Noch mehr Gewichtser-

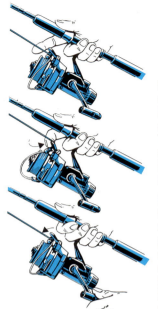

Einhand-Wurfautomatik

sparnis und zusätzlich allerhöchste Belastbarkeit bringt die Mischung aus Kohlefaser und Titan, und sie sichert der Stationärrolle die hohe Lebensdauer der Multirolle.

In den letzten Jahren wurden neue Systeme zur Schnuraufnahme bei gleichzeitigem Umlegen des Schnurfangbügels entwickelt. Bei diesen Systemen ist die Schnur bei der Aufnahme immer in der richtigen Stellung. Das ist besonders günstig für Spinnangler und Aalfischer, die nachts „blind" ihre Rolle bedienen müssen. Dasselbe gilt für die Kapselrolle.

Kapselrolle
Rollenfuß
Gehäuse
Kapsel
Bremse
Druckknopf-Schnurfreigabe
Kurbel

Eine weitere Besonderheit unter den Stationärrollen ist die Freilaufrolle. Diese Rolle ermöglicht es, auf besonders empfindliche Fische mit geschlossenem Schnurfangbügel zu fischen. Das bedeutet, bei eingeschaltetem Freilauf kann der Fisch den Köder aufnehmen und Schnur von der Rolle ziehen, ohne daß dafür der Schnurfangbügel umgelegt werden muß. Der Abzugswiderstand hierzu kann individuell auf die Gegebenheiten – wie Wind oder Strömung – eingestellt werden. Die

Spulenfüllung: zuviel
Spulenfüllung: zuwenig
Spulenfüllung: richtig

Bremse schaltet sich automatisch bei einer Kurbelumdrehung wieder ein, und der Fisch kann sicher gehakt und gedrillt werden.

Es gibt 4 Spulentypen.
1. Die innenliegende Spule
2. Die überlappende Spule
3. Die Petticoatspule
4. Die Weitwurfspule

1.   2.   3.   4.

Um mit Stationärrollen optimale Würfe zu erzielen, ist es immer notwendig, die Spule bis ca. 1 mm unter den Rand zu füllen. Schlecht gefüllte Spulen bieten der Schnur an der Spulenlippe zu viel Reibungswiderstand. Bei zu gut gefüllten Spulen wiederum wird bei weiten Würfen zu viel Schnur von der Spule gerissen (Perückenbildung).

Die überlappende und die Petticoatspule haben sich in den letzten Jahren auf dem Markt durchgesetzt. Garantieren sie doch, daß das Innere der Rolle nicht so schnell verschmutzt. Gute Rollen verhindern ein Unterlaufen der Schnur. Alle diese Vorteile hat die innenliegende Spule nicht.

Ein weiterer Fortschritt in der Spulentechnik sind die sogenannten Weitwurfspulen. Der größere Winkel vom Spulenrand zu Spulenlippe sowie der höhere Abstand erlauben weitere Würfe. Besonders bei Rollen mit zweifach verschiedener Schnurverlegung kommt dieser Vorteil deutlich zum Tragen.

Stationärrollen gibt es in verschiedenen Größen. Sie decken mit 100 m Schnurlänge und 0,15 mm Durchmesser das leichte Spinnfischen und mit 200 m Länge und 0,40 mm Durchmesser das Fischen auf große Raubfische ab.

Selbst für das Pilk- und Brandungsfischen findet man noch die richtige Größe. Hierfür werden Rollen mit einem Fassungsvermögen von bis zu 300 m Schnurlänge und 0,50 mm Durchmesser angeboten.

Rollen

Multiplikatorrolle

Die Multiplikatorrolle, kurz Multirolle, ist eine Weiterentwicklung der Nottinghamrolle.

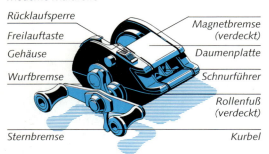

Moderne Multirolle
Rücklaufsperre
Freilauftaste
Gehäuse
Wurfbremse
Sternbremse
Magnetbremse (verdeckt)
Daumenplatte
Schnurführer
Rollenfuß (verdeckt)
Kurbel

Die Multirolle ist eine Nottinghamrolle mit einem Getriebe, das den Schnureinzug bei gleicher Kurbelumdrehung um das 3-5fache (bei Süßwassermodellen) erhöht.

Anfangs unterschieden sich Nottingham- und Multirolle nur durch das Getriebe. In der Folgezeit erhielt die Multirolle weitere Vorzüge, z. B. eine breitere Spule, die mehr Schnur fassen konnte als eine einfache Nottinghamrolle.

Die Verlegung der Schnur auf die Spule besorgt ein Schnurführer, der eine exakte Parallelverlegung garantiert. Dieser Schnurführer ist jedoch nur bei Süßwassermodellen üblich, die nicht den hohen Belastungen der Meeresfischerei ausgesetzt sind.

Schnurführer der Süßwasser-Multirolle

Eine weitere und für die Multirolle entscheidende Entwicklung war die Fliehkraftbremse, die bei richtiger Einstellung das Werfen sehr erleichtert und eine Perückenbildung nahezu ausschließt.

Die Magnet-Fliehkraftbremse ist der letzte Abschnitt in der Entwicklungsgeschichte der Multirolle. Die Magnet-Fliehkraftbremse läßt sich exakter justieren als die bisher verwandten Fliehkraftgewichte, darüber hinaus hat sie ein längeres Leben, da sie so gut wie verschleißfrei ist.

Die Multirolle hat gegenüber anderen Rollentypen viele Vorteile. Die Stichworte dafür sind: hohe Belastbarkeit, lange Lebensdauer für die Schnur, lange Lebensdauer der Rolle, Eignung für weite Würfe und Robustheit!

Doch es gibt auch Nachteile: Der hohe Anschaffungspreis ist einer davon, die Wurftechnik ein anderer. Man muß, um die Wurfeigenschaften der Multirolle nutzen zu können, einige Übung besitzen. Und drittens: Die Multirolle ist nur für das Fischen mit Kunstköder oder Grundblei konstruiert. Ein Werfen mit sehr leichten Ködern oder Pose ist schwierig. Die Multirolle ist bei amerikanischen und skandinavischen Anglern sehr beliebt. Im übrigen Europa hat sie wenig Anhänger.

Bei einer Fischereiart jedoch kommt die Multirolle immer zum Einsatz: beim schweren Schlepp- und Hochseefischen. Keine andere Rolle würde den Beanspruchungen dieser Fischereiart standhalten.

Big Game-Rolle

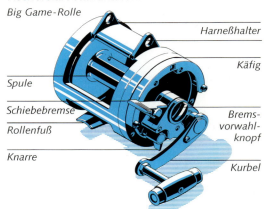

Spule
Schiebebremse
Rollenfuß
Knarre
Harneßhalter
Käfig
Bremsvorwahlknopf
Kurbel

Die Hochseemultirollen sind aufwendig gebaut. Messingspulen und -käfige sind aus einem Block gefräst, die Bremsen (Sternrad- und Schiebebremsen) anspruchsvoll zusammengesetzt. Mehrere Scheiben kontrollieren das ruckfreie Abziehen der Schnur. Dabei sind die Bremsteile aus denselben Materialien hergestellt wie unsere Scheibenbremsen der Autos und halten stundenlangen Drill und höchste Umdrehungszahlen aus.

Für die Schlepp- und Hochseefischerei gibt es Spezialliteratur.

Schnüre

Wurden in früherer Zeit präparierter Tierdarm, später Roßhaar und noch später geflochtene Seidenschnur als Angelschnur verwandt, wird heute mit der monofilen Nylonschnur und der multifilen Dyneema-Schnur geangelt.

Die monofile Nylonschnur hat viele Vorteile:
1. Sie ist bei entsprechender Tragkraft sehr dünn.
2. Ihre Dehnung ist bei Belastung sehr gering.
3. Sie hält – bei richtiger Pflege – relativ lange.

Richtiges Aufwickeln der Schnur auf die Spule

Monofile Schnüre müssen richtig behandelt werden. Bereits beim Aufspulen der Schnur auf die Rolle ist darauf zu achten, daß kein Drall übertragen wird. Am besten führt man die Schnur von der gekauften Schnurspule durch die Seiten eines dicken Buches auf die Rolle.

Monofile Industriegarne gibt es in ca. 70 verschiedenen Farben und 30 verschiedenen Qualitäten.

Das kleinste Fassungsvermögen der Spulen ist 25 m. Sie werden auch Vorfachspulen genannt, da aus den 25 m Schnur hauptsächlich Vorfächer gefertigt werden. (Siehe auch Kapitel Vorfächer.)

Die übliche und am häufigsten gekaufte Länge ist 100 m. Sie reicht im allgemeinen aus, um eine Rolle mit entsprechendem Fassungsvermögen gut zu füllen.

Darüber hinaus gibt es noch 200, 500 und 1000 m Spulen.

Monofile Schnüre sind in verschiedenen Durchmessern und Farben (siehe Tabelle) erhältlich. Als Faustregel gilt:
Je feiner und leichter Rute und Rolle sind, um so dünner und schwächer kann die Schnur sein. Je stärker Rute und Rolle ausfallen, um so stärker muß die Schnur sein. Im Zweifelsfall gibt man der stärkeren Schnur den Vorrang.

Monofile Schnüre

Stärke	Tragkraft	Stärke	Tragkraft
0,08 mm	0,7 kg	0,25 mm	6,0 kg
0,10 mm	1,0 kg	0,28 mm	7,4 kg
0,12 mm	1,4 kg	0,30 mm	6,8 kg
0,14 mm	2,0 kg	0,35 mm	8,0 kg
0,16 mm	2,6 kg	0,40 mm	10,0 kg
0,18 mm	3,1 kg	0,45 mm	13,5 kg
0,20 mm	4,0 kg	0,50 mm	16,0 kg
0,23 mm	5,1 kg		

So viele Vorteile monofile Schnüre haben, sie haben auch Nachteile.

Die Schnur ist äußerst hitze- und (UV-) lichtempfindlich. Wenn sie im Sommer z.B. tagelang auf der Hutablage eines Wagens liegt, verliert sie bis zu 90 Prozent ihrer Tragkraft.

Ebenso empfindlich sind monofile Schnüre gegen ein Aufrauhen der Oberfläche. Selbst kleinste Risse vergrößern sich rasch und zerstören die Schnur. Deshalb müssen alle Stellen, mit denen die Schnur in Berührung kommt (Schnurfangbügel, Schnurlaufröllchen, Spulenrand und alle Ringe), immer glatt und ohne Beschädigung sein.

Nach dem Fischen, besonders nach jedem Grundangeln, sollte das vordere Stück der Schnur überprüft werden. Ist es aufgerauht, muß es abgeschnitten werden.

Das abgeschnittene Stück sollte zu Hause auf die Hand gewickelt und mehrfach zerschnitten werden. Bleibt es im Gelände liegen, können sich Tiere und Menschen darin verfangen und Schaden nehmen, ja umkommen.

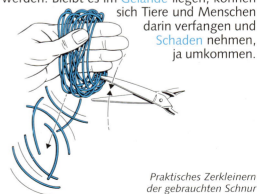

Praktisches Zerkleinern der gebrauchten Schnur

Nach dem Fischen im Salzwasser muß die Schnur ordentlich mit Süßwasser abgespült werden. Salzwasser zerstört die Schnur.

Schnüre

Durch die Einwirkung von Licht, Luft, Wasser, durch die Belastung im Wurf und Drill sowie Überdehnung altert die Schnur. Meist hat die Schnur nach einem durchschnittlichen Angeljahr 50 Prozent ihrer Qualitäten verloren. Eine neue Angelsaison sollte deshalb mit einer neuen Schnur begonnen werden.

Schnurtester

Zur Überprüfung der Tragkraft und Knotenfestigkeit der Schnur eignet sich besonders der WAKU-Tester, der in jedem guten Fachgeschäft angeboten wird.

Neben den monofilen Schnüren gibt es noch die multifilen geflochtenen Schnüre. Dabei unterscheiden wir zwischen den altbekannten geflochtenen Schnüren aus Dacronmaterial und dem neuen Material mit dem Namen Dyneema, welches heute für Flechtschnüre verwendet wird. Dieses Schnurmaterial ist besonders dünn und besitzt eine enorm hohe Tragkraft bei geringster Dehnung. Darüber hinaus ist es nicht UV-empfindlich und ausgesprochen salzwasserresistent.

Neben der sehr geringen Restdehnung ist diese Schnur auch außerordentlich weich. Leider ist die multifile Dyneema-Schnur, bedingt durch die sehr aufwendige Einzelverarbeitung und den hohen Grundmaterialpreis, ausgesprochen teuer.

Das gleicht sich aber durch die hohe Lebensdauer wieder aus. Die Eigenschaften dieser Schnur verlangen ein gewisses Maß an Erfahrung bzw. Übung. Deshalb ist die Dyneema-Schnur für den Anfänger nicht geeignet.

Dacron-Schnur

Beim Fischen mit der künstlichen Fliege wird eine besondere Angelschnur benutzt: die Fliegenschnur.

Die Fliegenschnur ist bedeutend dicker als die üblichen Angelschnüre und bedeutend schwerer. Die Schnur ist das Wurfgewicht und kann, nur mit Vorfach und imitiertem Insekt, bis 30 m weit geworfen werden. (Näheres im Kapitel Praktische Fischereimethoden – Fliegenfischen.)

Multifile Schnüre Dyneema

Stärke	Tragkraft	Stärke	Tragkraft
0,06 mm	3,5 kg	0,20 mm	10,0 kg
0,08 mm	4,4 kg	0,25 mm	15,0 kg
0,10 mm	5,0 kg	0,30 mm	21,0 kg
0,12 mm	5,7 kg	0,35 mm	26,0 kg
0,14 mm	6,9 kg	0,40 mm	30,0 kg
0,16 mm	7,5 kg	0,50 mm	37,0 kg
0,18 mm	9,0 kg		

Bei der Fliegenschnur befindet sich um einen geflochtenen Nylonkern ein Kunststoffmantel, der bei schwimmenden Schnüren dicker und leichter, bei sinkenden dünner und schwerer ist. Die Kurzbezeichnung F (floating) steht für schwimmend und S (sinking) für sinkend.

Die Fliegenschnur hat eine einheitliche Länge von 30 Yards, das sind ca. 27 m.

Nach den Regeln der AFTMA werden Fliegenschnüre in 3 Formen und 11 Gewichten klassifiziert. Die Formen sind:

1. Double Taper (Kurzbezeichnung DT). Diese Schnur ist an ihren Enden verjüngt.

DT = Double Taper (zweifach verjüngte Schnur)

2. Weight Forward (Kurzbezeichnung WF). Bei dieser Schnur befindet sich der größte Teil des keulenförmigen Schnurgewichts hinter der verjüngten Spitze.

WF = Weight Forward (Keulenschnur)

3. Parallelschnur (Kurzbezeichnung L). Diese Schnur, die heute so gut wie nicht mehr verwandt wird, hat auf ihrer gesamten Länge den gleichen Durchmesser.

L = Level (Parallelschnur)

Die Gewichtsklassifizierung beginnt bei der AFTMA-Klasse 3 und endet bei 12. Die Zahl gibt das Gewicht der ersten 10 Yards (ca. 9,7 m) in Grain (amer. Gewichtseinheit) an.

Die drei Merkmale Schnurform, Schnurgewicht und Schnureigenschaft befinden sich in international geläufiger Kurzbezeichnung auf der Schnurschachtel. Die doppelt verjüngte Schnur der Klasse 6 in schwimmender Ausführung zum Beispiel hat die Bezeichnung DT 6 F.

Vorfächer   Knoten

Das Vorfach, auch Vorschnur genannt, ist die Verbindung zwischen Hauptschnur und Haken.

Hauptschnur — Wirbel — Haken — Vorfach

Das Vorfach muß immer eine geringere Tragkraft als die Hauptschnur haben. Dadurch ist gewährleistet, daß bei Überlastung immer nur das Vorfach und nicht die Hauptschnur reißt.

Das Fischen mit Vorfach ist umwelt- und fischgerecht. Umweltgerecht, weil bei einem Bruch der Vorschnur nur ein kleines Stück Nylon in der Natur verbleibt, fischgerecht, weil der gehakte Fisch mit einem kleinen Stück Schnur am wenigsten gefährdet ist.

Vorfächer gibt es in verschiedenen Ausführungen und Längen. Die normalen monofilen Vorfächer, an die der Einzelhaken zum Fang unserer Friedfische geknotet wird, haben eine Länge von 40 bis 70 cm.

Vorfächer für den Raubfischfang sind meistens aus feinen kunststoffummantelten Stahlfäden, die der Fisch nicht beschädigen oder durchbeißen kann. Diese Stahlvorfächer gibt es in einer Länge von 15 cm bis 1 m. Zum Fangen von Haien werden Stahlvorfächer bis 7,95 m benutzt.

Eine besondere Ausführung ist das Fliegenvorfach für die Fliegenfischerei (siehe auch Kapitel Praktische Fischereimethoden – Fliegenfischen).

Das Fliegenvorfach ist 2 bis 3 m lang. (Während das eine Ende dick ist – 0,45 bis 0,50 mm Ø, ist das andere Ende dünn – 0,08 bis 0,20 mm.) An das dünne Ende wird der künstliche Köder geknotet, an das dicke Ende die Fliegenschnur (siehe Fischereimethoden Praktisches Fliegenfischen). Bei Überlastung reißt das Vorfach prinzipiell an der dünnen Stelle, der Fisch wird niemals von einem Stück Schnur behindert.

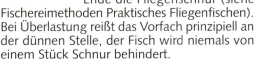

Fliegenvorfach

Alle Verbindungen werden durch Knoten oder einen SIMPL (Easy) geschaffen.

Der Knoten ist das schwächste Glied in der Kette, verringert doch ein einfacher Knoten in der Schnur die Tragkraft um bis zu 50 Prozent.

Man unterscheidet vier Arten von Knoten:
1. Knoten zum kompakten Verbinden zweier Schnurenden miteinander.

Einer dieser Knoten heißt auch „doppelter Blutknoten". Obwohl er die Tragkraft um 20-25 Prozent vermindert, ist er bis heute der beste Knoten. Andere Knotenarten bringen noch höhere Tragkraftverluste.

Der doppelte Blutknoten wird häufig beim Brandungsfischen, wo die Hauptschnur mit dem Schockvorfach verbunden wird, angewandt.

Doppelter Blutknoten

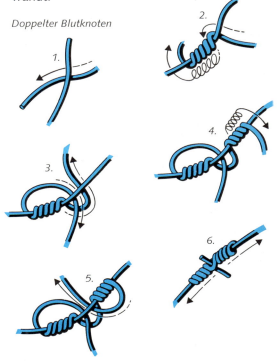

2. Knoten zum sicheren Verbinden der Schnur mit einer Öse, wie Wirbel, künstliche Fliege und Öhrhaken.

Knoten

Das Verbinden von Öhr mit der Schnur geschieht häufig mit dem halben gekonterten Blutknoten. Dieser Knoten verringert die Tragkraft um 15 Prozent.

Halber gekonterter Blutknoten

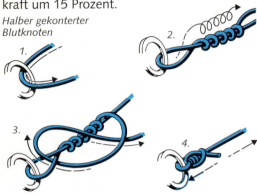

Eine sichere Verbindung ohne Tragkraftverlust schaffen die beiden in der Zeichnung dargestellten Knoten. Walter Kummerow hat sie bekannt gemacht.

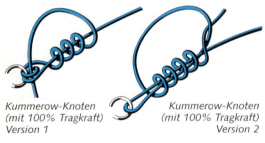

Kummerow-Knoten (mit 100% Tragkraft) Version 1

Kummerow-Knoten (mit 100% Tragkraft) Version 2

Beide Knoten zeigten keine Tragkraftverluste, bei Tests riß die Schnur immer nur im freien Teil.

3. Knoten zum Binden einer Schlaufe.

Je mehr Windungen die Schlaufe hat, um so höher ist die Tragkraft, bei 5 Windungen nahezu 100 Prozent. Die Wahrscheinlichkeit eines Bruches ist im freien Teil der Schnur dann genauso groß wie am Knoten.

Normaler Schlaufenknoten

Schlaufenknoten mit Sicherheitsschlaufe

4. Knoten zum Verbinden der Schnur mit einem Schaft und/oder Blättchenhaken.

Die Abbildungen zeigen den idealen Schaftknoten zum Anbinden von Plättchenhaken.

Schaftknoten

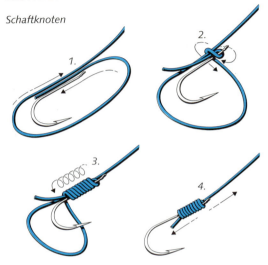

Mit diesem Knoten verringert sich die Tragkraft lediglich um 5 Prozent. Das ist ein annehmbarer Wert.

Eine weitere einfache Hilfe zum Verbinden von Schnüren mit Haken, Wirbel oder untereinander ist der SIMPL.

Neben der einfachen Handhabung besitzt der SIMPL die Eigenschaft, die Tragkraft des Knotens 100%ig zu erhalten, da ein Knoten im üblichen Sinne nicht angebracht wird.

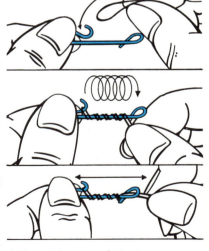

Wer sich umfassend über Schnur und Knoten unterrichten will, dem sei das Buch „Die Angelschnur im Test" von W. Kummerow empfohlen.

Bißanzeiger

Posen

Der Bißanzeiger läßt den Angler hören oder sehen, wenn der Fisch anbeißt.

Der wohl bekannteste Bißanzeiger ist der Schwimmer, auch Pose genannt. Neben der Funktion, den Anbiß anzuzeigen, dient die Pose häufig dazu, den Köder in einer entsprechenden Wassertiefe anzubieten.

Der Standardschwimmer besteht aus Körper, Antenne, Laufringen oder Posengummis – und einem sogenannten Piloten. Aufbau und Antennenkörper werden bestimmt von der Charakteristik des Gewässers und von der zu beangelnden Fischart (siehe Kapitel Fischereimethoden).

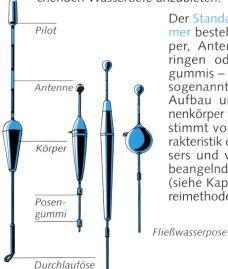

Fließwasserpose

Stillwasserpose

Zum Stippfischen muß die Pose entsprechend austariert werden. Man bringt so viel Schrot- oder Olivenblei an der Schnur an, bis von Posen mit Piloten nur noch der Pilot und von Posen mit Antenne nur noch der obere Teil der Antenne sichtbar ist.

Bei feststehender Montage kann man höchstens so tief fischen, wie die Rute lang ist.

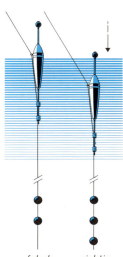

falsch ausgebleit   richtig ausgebleit

Die gleitende Methode dagegen ermöglicht das Fischen in jeder Gewässertiefe.

Bei der gleitenden Methode bewegt sich die Pose nur durch Ringe verbunden frei auf der Schnur. Gestoppt wird die Pose zur Rute hin von einem Stopper, zum Haken hin spätestens vom Wirbel.

Wichtiges Zubehör für Posen, die gleitend montiert sind, sind Glas- oder Plastikperlen sowie verschiedene Stopper.

Zwischen Pose und Stopper sollte immer eine Glasperle montiert werden. Sie verhindert zuverlässig ein Verklemmen des Stoppers im Laufring der Pose.

Das Material, aus dem Posen hergestellt werden, ist vielfältig. Es reicht von Kork, Balsaholz oder Stachelschweinborste bis hin zu Plastik.

Für die Montage der Pose an der Schnur gibt es zwei Möglichkeiten: die feststehende und die gleitende Montage.

Bei der feststehenden Montage wird die Pose mit sogenannten Posengummis an die Schnur geklemmt. Es ist jedoch immer noch möglich, die Pose auf der Schnur zu verschieben.

feststehende Montage

Man kann den Stopperknoten selbst herstellen (siehe Kapitel Knoten bzw. Fischereimethoden) oder die von der Industrie vertriebenen Textil- und Gummistopper, die ihre Aufgabe perfekt erfüllen, benutzen. (Vor dem ersten Auffädeln auf die Schnur Gebrauchsanweisung beachten.)

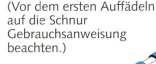

Textilstopper

Da die Textilstopper sehr fein sind, kann man mehrere gleichzeitig aufziehen, bei Verschleiß kann der Stopper ohne Posendemontage ersetzt werden.

21

Bißanzeiger

Bei der gleitenden Methode unterscheidet man: 1. Die klassische Methode, 2. die Durchlaufmethode, 3. die englische Methode.

Posenmontage gleitend

1. Klassische Methode
2. Durchlaufmethode
3. Englische Methode (Wagler)

Durchgesetzt haben sich die Methoden zwei und drei. Bei ihnen ist ein Überschlagen der Schnur um die Antenne ausgeschlossen.

Eine interessante Entwicklung auf dem Posenmarkt ist die mit Leuchtdiode ausgestattete Leuchtpose, die besonders bei den Nachtanglern (Aal, Zander, Waller, Karpfen etc.) viele Freunde hat.

Zu den Leuchtposen zählt auch das Knicklicht. Hierbei werden zwei Chemikalien durch Knicken des Plastikkörpers miteinander verbunden und zum Leuchten gebracht. Das Knicklicht wird an der Posenantenne oder an der Rutenspitze montiert.

Glöckchen, Silberpapier

Signalglocke

Ein ebenso einfacher wie sinnvoller Bißanzeiger für die Grundangelei ohne Pose ist ein kleines Glöckchen, das an der Rutenspitze oder an der Schnur befestigt wird. Beim geringsten Zupfer des Fisches am Köder ertönt das Glockensignal.

Noch einfacher und ebenso wirkungsvoll ist ein Streifen Silberpapier, der zwischen dem ersten und zweiten Ring der Rute um die Schnur gewickelt wird. Wenn der Fisch an der Schnur zieht, zieht er das Silberpapier mit.

Elektrische Bißanzeiger

Die Geräteindustrie hat inzwischen auch verschiedene elektrische Bißanzeiger entwickelt. Stellvertretend für alle sei der in der Bundesrepublik hergestellte „Bißluchs" erwähnt.

Der Bißluchs, bei dem Licht und Signalton separat geschaltet werden kann, läßt sich sehr einfach an die Rute anklemmen. Es besteht keine Gefahr, ihn beim Wurf oder Drill zu verlieren.

Da der Kontakt von leicht bis sehr kräftig eingestellt werden kann, läßt sich der Bißluchs auch in Fließgewässern verwenden.

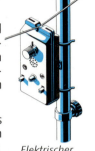

Elektrischer Bißanzeiger

Elektronische Bißanzeiger

Neben den einfacheren elektrischen Bißanzeigern gibt es elektronische Bißanzeiger, die auf jede Bewegung der Schnur mit Licht und Ton reagieren. Da die Schnurbewegung dabei durch eine Lichtschranke registriert wird, ist diese Art der Bißanzeige besonders empfindlich und hat immer mehr Freunde gefunden. Da der Fisch bei dieser Methode auch keinen Abzugswiderstand verspürt, ist der Erfolg beim Fischen besonders groß.

Elektronischer Bißanzeiger

Schwingspitze/Winkelpicker

Aus dem Mutterland des Anglersports – Großbritannien – kommen Bißanzeiger für die Grundangelei, die in Europa immer beliebter werden: die Schwing-, Quiver- oder Bibberspitze/Winkelpicker.

Schwingspitze (Detail)

Quiverspitze

Bleie

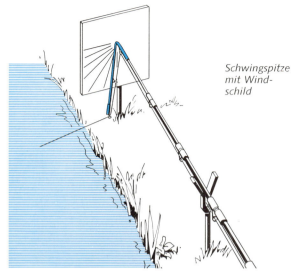

Schwingspitze mit Windschild

Das Blei ist notwendig, um
1. die Pose auszutarieren,
2. den Köder an der gewünschten Stelle zu halten,
3. das Wurfgewicht zu erhöhen, damit der Köder weiter ausgeworfen werden kann. In der Fischerei kommen verschiedene Bleie zum Einsatz.

Schrotblei

Dieses Blei, das es in Gewichten von 0,05 bis 2,5 Gramm gibt, wird hauptsächlich dazu benutzt, Posen auszutarieren.

Schrotblei

Früher war am bekanntesten die Schwingspitze, die selbst auf große Entfernungen jede kleine Berührung genau anzeigt.

Profis benutzen noch einen zusätzlichen Windschild, damit die Spitze bei Wind nicht wackelt.

Die Schwingspitze ermöglicht eine hohe Bißausbeute. Die Rute wird nicht aus der Hand gelegt, jeder Biß wird mit einem Anhieb gewährleistet.

Schwingspitzen mit verschiebbarem Bleigewicht können variabel eingestellt werden. Schiebt man das Blei nach oben zur Rutenspitze hin, reagiert die Schwingspitze empfindlich, schiebt man es nach unten, reagiert sie weniger sensibel und verhält sich auch bei starken Windverhältnissen neutral.

Winkelpicker

Die Schwingspitze wurde in den letzten Jahren von der Winkelpickerspitze/Quiverspitze abgelöst. Diese besonders sensible Bißanzeigerspitze wurde immer weiter entwickelt und verbessert, so daß sie heute der ehemaligen Schwingspitze überlegen ist.

Speziell das gefürchtete Überschlagen der Schnur bei Schwingspitzen kann bei Winkelpickerspitzen nicht passieren. Dabei können verschiedene Spitzen mit unterschiedlicher Empfindlichkeit auf ein- und derselben Rute eingesetzt werden.

Da gutes Schrotblei sehr weich ist, kann man es mit den Fingern auf die Schnur klemmen. Besonders weiches Blei kommt aus Großbritannien. Die Briten haben für ihre Schrotbleigrößen eigene Bezeichnungen (siehe Tabelle).

Englische Bezeichnung	SSG (Swan)	AAA	BB	Nr. 1
Gramm:	1,9	0,8	0,4	0,3
Englische Bezeichnung Nr.:	3	4	5	6
Gramm:	0,2	0,17	0,10	0,08

Wickelblei

Wickelbleie sind Bleiplättchen von Papierstärke, die auf die gewünschte Größe geschnitten und auf die Schnur geklemmt werden. Zum Austarieren auch von sehr kleinen Posen eignet sich dieses Blei besonders.

Wickelblei

Fehlbisse gibt es bei diesen länglichen, dünnen Bleistreifen nicht. Dagegen wird vom Fisch das angeklemmte Schrotblei auch schon mal mit einem Hanfkorn verwechselt.

Tropfenblei

Dieses Blei ist – wie alle nachfolgenden Bleie – ein Laufblei, d. h., das Blei kann frei auf der Schnur bis zum Stopperpunkt (Wirbel oder Knoten) laufen. Es wird, wie das Schrotblei, zum Austarieren von Posen benutzt.

Das Tropfenblei gibt es in Gewichten von 0,25 bis 8 Gramm.

Tropfenblei

Bleie

Beim Aufziehen ist darauf zu achten, daß der schwere Teil immer in Richtung Haken zeigt, sonst kommt es beim Wurf zu Überschlägen, welche die Schnur verdrallen können.

Oliven- und Kugelblei

Diese Laufbleie, die eine oliven- oder kugelförmige Gestalt haben, werden zum Austarieren von besonders schweren Posen benutzt, man verwendet sie aber auch bei der Grundangelei.

Um den Knoten zu schützen, sollten Laufbleie von mehr als 10 Gramm immer mit Stopper oder Perle montiert werden.

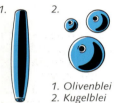

1. Olivenblei
2. Kugelblei

Sargblei

Diese Bleie, die eine sargähnliche Form haben, gibt es in Gewichten von 15 bis 150 Gramm. Sargbleie bewähren sich bei der Grundangelei, wenn es darauf ankommt, den Köder sicher an einem Platz zu halten. Die große Auflagefläche verhindert ein Absacken in den Untergrund.

Sargblei

Stift- oder Catherinenblei

Mit diesem Blei ist es möglich, unterschiedliche Gewichte nachträglich einzusetzen (siehe Zeichnung „Die schwere beringte Stipprute" auf den Seiten 52/53).

Bei der Montage wird die Schnur zunächst in den Schlitz des Stiftes und dann in den Schlitz des Bleies eingelegt. Daraufhin werden Stift und Blei zusammengesteckt und jedes Teil um wenige Grade gegeneinander verdreht. Wichtig ist, daß der breite Teil des konischen Stiftes zum Wirbel zeigt. Erfolgt die Montage in anderer Richtung, schlägt sich der Stift bereits nach wenigen Würfen aus dem Blei heraus. Der Körper des Stiftbleies hat Oliven- oder Sargform.

Catherinenblei

Wurfblei

Das Wurfblei mit seiner Birnenform und eingegossenem Wirbel oder Drahtöse am Ende des Bleikörpers ist das am meisten verwendete Blei zum Grundfischen, im Süß- wie im Salzwasser. Wurfbleie haben eine sehr gute Aerodynamik. Ein weiterer Vorteil: die große Öse des Drahtes oder Wirbels, welche die Schnur nach dem Anbiß bei der Benutzung als Laufblei ungehindert durchlaufen läßt. Damit sich das Blei nicht auf dem Knoten verklemmen kann, wird eine Glasperle vormontiert.

Wurfblei ohne Spinnenbeine

Spinnenbeinblei

Diese Variante des Wurfbleies wird in der Brandungsfischerei eingesetzt. Im sandigen Boden der Küstengewässer halten die Spinnenbeine den Köder auch bei starker Strömung sicher am Platz. Dabei sind sie so biegsam, daß sie beim Einholen auch wieder aufgebogen werden können.

Wurfblei mit Spinnenbeinen

Stehaufblei

Beim Fischen in stehenden Gewässern haben sich dieses und andere Bleie mit Auftriebskörper bewährt. Er verhindert, daß der Köder in den schlammigen Untergrund gezogen wird. Selbst wenn das Blei in den Schlamm einsackt, kann die Schnur weiterhin frei durchlaufen. Ideal sind diese Bleie auch zum Fischen in stark strömenden Gewässern. Der Köder kann sich knapp über dem Grund der Strömung bewegen.

Stehaufblei

Blei mit Auftriebskörper

Das Karpfen-/Anti-Tangle-Blei

Ein weiteres, sehr beliebtes Blei, welches ein Überschlagen des Vorfaches zuverlässig verhindert, ist das Karpfen-/Anti-Tangle-Blei. Das lange vormontierte Laufrohr verhindert zuverlässig, daß sich der Haken oder das Vorfach in der Hauptschnur während der Wurfphase verhängt.

Karpfen-/Anti-Tangle-Blei

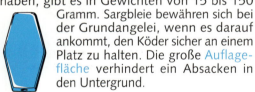

Wirbel

SIMPL/Haken

SIMPL

Der SIMPL ist eine neue und sehr wirksame Hilfe zum Verbinden der Hauptschnur mit dem Wirbel oder Haken. Er ist einfach zu handhaben und garantiert eine hohe Tragkraft. Eine Schwächung der Schnur durch einen Knoten entfällt.

Der Wirbel vereinfacht die Verbindung zwischen Hauptschnur und Vorfach bzw. verschiedenen Kunstködern und verhindert durch seine beiden in sich drehenden Teile eine Übertragung des Dralls auf die Hauptschnur.

Die beiden in sich drehenden Teile sollten besonders bei Fischereimethoden, bei denen Drall sehr häufig ist, kugelgelagert sein.

Wirbel gibt es in folgenden Ausführungen:
1. Einfachwirbel mit 2 Ösen,
2. Mehrfachwirbel, z.B. T-Wirbel,
3. Standard-Karabinerwirbel,
4. Sicherheits-Karabinerwirbel (in verschiedenen Formen),
5. Kugellager-Seewirbel (in verschiedenen Ausführungen).

Kreuzwirbel

Einfachwirbel

Der Einfachwirbel eignet sich nur für das Einschlaufen; künstliche Köder können mit ihm nicht direkt verbunden werden.

Das direkte Einhängen von Kunstködern geht mit den verschiedenartigen Karabinerwirbeln sehr einfach (siehe Lehrtafeln).

Tönnchenwirbel mit Schlaufenkarabiner

Präzisionswirbel mit Sicherheits-Karabiner

Standard-Karabinerwirbel

Neben dem Standard-Karabinerwirbel gibt es Sicherheits-Karabinerwirbel. Alle arbeiten nach dem Prinzip der Sicherheitsnadel. Auch bei stärkster Belastung kommt es bei diesen Karabinern nicht zum Ausschlitzen oder Ausbrechen des Karabinerarms.

Hochseewirbel kugelgelagert

Wirbel gibt es – für die verschiedenen Fischereimethoden – in verschiedenen Größen. Je höher die Größennummer, um so kleiner ist der Wirbel. Süßwasserwirbel sind meist aus Messing, teilweise aus anderen Metallen in brünierter Ausführung. Salzwasserwirbel werden aus Stahl, zumindest aus hartverchromtem Metall, hergestellt. Die meisten Salzwasserwirbel sind kugelgelagert. Um ein Verkleben der beweglichen Teile mit Salzwasserkristallen zu verhindern, sollten die Wirbel nach dem Fischen mit Süßwasser gereinigt werden.

Haken

In vielen Ländern wird auch heute noch ohne Rute und Rolle oder sonstiges Zubehör geangelt. Schnur und Haken jedoch sind unentbehrlich. Die ersten Angelhaken, sog. Sperrhaken oder Knebelhaken, wurden bereits vor mehreren 1.000 Jahren gefertigt. Der Sperrhaken wurde abgelöst vom gekrümmten Angelhaken. Diesen Haken verwenden wir auch heute noch.

Sperrhaken

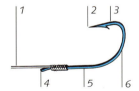

Ein Angelhaken besteht aus einem Hakenschenkel, Hakenbogen, Hakenspitze und Widerhaken.

1	2	3
4	5	6

1. Vorfach
2. Hakenspitze
3. Widerhaken
4. Plättchen
5. Hakenschenkel
6. Hakenbogen

Die Schnur kann an einem Öhr oder einer Platte mit verschiedenen Knoten oder dem SIMPL befestigt werden, am Öhrhaken mit einem halben gekonterten Blutknoten, am Plättchenhaken mit einem speziellen Hakenknoten.

Je nach Fischereimethode gibt es Haken in verschiedenen Größen und Formen.
Die Größenskala reicht von 10/0 bis 28.
Für Süßwasser gilt: Je höher die Hakennummer, desto kleiner der Haken.

Dagegen wird der Haken bei höheren Nummern größer, wenn hinter der Zahl eine /0 steht (4/0 ist größer als 3/0).

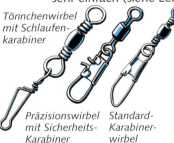

Haken

Limerickhaken

Rundbogenhaken

Blitzhaken (Schonhaken)

Drillingshaken

Bei den Hakenformen gibt es folgende Unterscheidungen:

Am bekanntesten sind die Limerick-Form und der Rundbogenhaken. Varianten des einfachen Angelhakens sind der Schonhaken ohne Widerhaken und der Blitzhaken, der zum Hegefischen verwendet wird.

Darüber hinaus gibt es Zwillings-, Drillings- und Vierlingshaken. Sie dürfen nicht beim Friedfischfang benutzt werden, sondern kommen vor allem mit künstlichen Ködern und beim Raubfischfang zum Einsatz.

Damit die Hakenspitze immer scharf ist, sollte sie regelmäßig mit dem Schleifstein nachgeschliffen werden.

Angelhaken werden heute aus feinem Stahl und dadurch besonders dünndrähtig hergestellt. Zum Schutz gegen Rost wird der Haken brüniert, vernickelt oder vergoldet.

In den Kapiteln über die praktischen Fischereimethoden wird erläutert, wann welcher Haken zum Einsatz kommt.

Besonders hochwertige Haken werden heute aus sogenannten Carbonstählen hergestellt. Damit die Spitzen besonders fein und scharf sind, wird bei diesen Haken der Schnitt mit einem Laser durchgeführt.

Dabei erfolgt die Härtung des Hakens nicht wie in dem üblichen Verfahren durch Erhitzen und Abschrecken alleine. Diese Haken werden noch zusätzlich in chemischen Bädern behandelt.

Köder

Damit ein Fisch anbeißt, muß der Haken präpariert werden: mit einem Köder.

Mit einem natürlichen Köder – einem tierischen oder pflanzlichen – oder einem Kunstköder.

Kunstköder werden hauptsächlich zum Fang von Raubfischen eingesetzt.

Kunstköder für die Süßwasserfischerei sind Spinner, Blinker, Wobbler, Kunststoffköder sowie Trockenfliege, Naßfliege, Nymphe und Streamer. Für die Meeresfischerei Kunststoffköder, Pilker, Jigs und Makrelensysteme.

Die Hauptnahrung unserer einheimischen, karpfenartigen Fische sind Schlammröhrenwürmer, die am Boden der Gewässer leben und auch unter dem Namen Tubifex bekannt sind. Unter diesem Namen werden sie als Lebendfutter für Aquarienfische vertrieben. Wegen ihrer geringen Größe sind Tubificiden als Köder nicht geeignet.

Neben den Tubificiden sind verschiedene Insekten und Insektenlarven, die ihr Leben im und am Wasser verbringen, die Hauptnahrungsquelle unserer Fische.

Von Wasserpflanzen ernähren sich unsere einheimischen Fische nicht. Lediglich für die Rotfeder (und für die in letzter Zeit eingesetzten asiatischen Karpfenarten) dienen Wasserpflanzen als Nahrung.

Deshalb ist es um so erstaunlicher, daß gerade Mitglieder der Cyprinidenfamilie mit Pflanzenködern wie Getreide, Brot und Kartoffel sehr häufig gefangen werden.

Natürliche Köder

Würmer

Was den Wurm, den bekanntesten Angelköder in der Angelei, für den Fisch so verführerisch macht, wird wohl immer ein Geheimnis bleiben.

Wurm

Man kennt drei Sorten von Würmern, die sich auch allein schon durch ihre Größe (und Farbe!) voneinander unterscheiden.

Der größte europäische Wurm ist der Tauwurm mit einer Länge bis zu 25 cm.

Da der Wurm (besonders in der trockenen Jahreszeit) beim Händler nicht immer zu bekommen ist, sollte man zu Saisonbeginn, also in den Frühjahrsmonaten, verstärkt Jagd auf diesen Köder machen und sich einen kleinen Vorrat für die „Durststrecke" anlegen.

Um an Tauwürmer zu kommen, gibt es viele Methoden.
Man kann alte Kohl- und Gemüsefelder oder lockeren Humusboden umgraben.
Man kann ihn – eine sehr gebräuchliche Art – bei Dunkelheit aufspüren.
Bei Dunkelheit und entsprechender Feuchtigkeit (Tau) kommt der Tauwurm aus seinem Loch und liegt mit zwei Drittel seines Körpers im Freien. Das Schwanzende läßt er im Loch, um sich durch Muskelkontraktion blitzschnell jedem Feind entziehen zu können. Deshalb muß man vorsichtig auftreten und die Taschenlampe mit einem roten Schirm versehen. Bei hellem, weißen Licht oder Erschütterung flüchten die Würmer zurück ins Erdreich.

Der Wurm wird schnell mit zwei Fingern ergriffen und festgehalten, aber nicht aus seinem Loch herausgerissen, da er sich sonst teilt. Man warte lieber, bis seine Kraft nach 4-5 Sekunden nachläßt und er sich von selbst aus seiner Behausung löst.
Mit dieser Methode kann man in guten Nächten bis 200 Würmer pro Stunde sammeln.

Eine ganz besondere Methode ist die Spaten- oder Grabgabelmethode. Man rammt einen Spaten oder eine Grabgabel bis zum Heft in den Boden und schlägt wiederholt auf den Stiel, so daß der Boden vibriert.

An einer guten Stelle streben nach ca. 30-60 Sekunden die ersten kleineren Würmer im Umkreis von ca. 80 cm aus dem Boden. Nach weiteren ein bis zwei Minuten folgen die größeren wie der Tauwurm.

Tauwürmer, wie auch alle anderen Würmer, halten sich am besten in einem Gefäß, das Feuchtigkeit vertragen kann und mindestens 15 cm hoch ist. Damit überflüssiges Wasser abfließen kann, müssen im Boden Löcher sein.

Eine ideale Substratmischung ist ungedüngte Gartenerde, Torf und das im Handel erhältliche Wurmfutter auf Cellulosebasis. Auf dieses Substrat kommt eine feste Moosschicht, und hierauf kommen die Würmer.

Würmer, die sich nicht innerhalb von wenigen Minuten durch das Moos in die unteren Schichten eingraben, sind verletzt oder krank. Sie werden entweder sofort zum Angeln benutzt oder wieder der freien Natur überlassen.

Das Gefäß mit unseren Würmern muß unbedingt kühl und dunkel stehen, damit sich die Bewohner wohl fühlen. Ein Behälter von der Größe 80 cm Länge x 50 cm Breite x 20 cm Höhe kann problemlos bis zu 500 Tauwürmer oder eine entsprechend größere Anzahl Laub- oder Mistwürmer aufnehmen.

Wichtig ist: Es kommen nie verschiedene Wurmsorten in ein Gefäß. Einmal wäre die Nahrungskonkurrenz zu groß, zum anderen verwandelt jede Sorte das Gefäß in einen ihr speziell entsprechenden Lebensraum.

Der kleine Bruder des Tauwurms ist der Laubregenwurm. Er wird bis zu 15 cm lang.
Den Laubwurm findet man an den gleichen Plätzen wie den Tauwurm, auch sein Verhalten entspricht dem des Tauwurms.
Im Gegensatz zum Tauwurm kann der Laubwurm jedoch auch gezüchtet werden. (Literatur hierzu im Literaturverzeichnis.)

Den Mistwurm findet man, wie es der Name schon sagt, an entsprechenden Plätzen. Er hat einen typischen Geruch und gelbe Streifen. Wer mit dem Wurm erfolgreich fischen will, sollte die richtige Anköderung, die in der Zeichnung erklärt wird, beachten.
Ein Wurm, der mit dieser Methode geködert wird, verliert nichts von seiner Beweglichkeit und daher von seinem Anreiz für den Fisch.

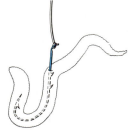

richtige Wurmmontage

Köder

Die Gefahr des Fehlbisses wird zu hoch eingeschätzt. Im Normalfall wird ein durchschnittlich großer Wurm von 15 cm Länge auch z. B. von kleinen Schleien ohne Schwierigkeiten in einem Happen genommen. Der Anschlag kann daher sofort bei Erkennen des Bisses erfolgen. Hier sollte man tatsächlich nach der Methode fischen: Lieber zehnmal einen Anschlag ins Leere setzen, als einmal einen untermäßigen Fisch durch zu langes Warten verangeln.

Maden

Der wohl größte Umsatz im Ködergeschäft wird mit der Made der Schmeißfliegen und der ihr verwandten Arten gemacht. Maden werden als Köder oder Anfütterungsmittel verkauft.

Made

Die Zucht der Tiere ist einfach: Die Fliegen legen in Fleischstücken von Wirbeltieren ihre Eier ab.
Nach kurzer Zeit entwickelt sich aus dem Ei die Made, die mit den von ihr produzierten auflösenden Säften Aas verzehrt.

Hat sich die Made zur Vollreife entwickelt, schließt sich ihr Magen-Darmkanal, und das Tier sucht einen geeigneten Platz zum Verpuppen.

In diesem Stadium wird sie als Köder angeboten.

Bei frischen Maden ist im auslaufenden Zipfel ein dunkler Fleck zu sehen, der ehemalige Darmausgang, bei älteren Maden fehlt er.

Die normale Fliegenmade ist von schwach beiger Farbe. Vom eigenen Einfärben der Maden ist abzuraten.

Beim Anködern braucht man einen Haken, der besonders spitz und dünn ist, damit die Made beim Durchstechen nicht ausläuft. Im Idealfall durchstößt der dünne Haken nur das Oberhäutchen, so kann sich die Made am Haken frei bewegen.

Insekten

Natürliche Köder sind auch Landinsekten wie Heuschrecken, Grillen und Raupen sowie Wasserinsekten wie Bachflohkrebse und Fliegenlarven, soweit sie nicht geschützt sind (siehe W.A. und rote Liste).

Bachflohkrebs   *Steinfliegenlarve*   *Sprock*   *Grille*

Da man Insekten in den meisten Fällen nicht auf Vorrat halten kann, muß man sie unmittelbar vor dem Angeln fangen. Aber das hat auch einen Vorteil: Man angelt mit dem richtigen Köder. Mit Landinsekten, die in der jeweiligen Jahreszeit vorkommen, und mit Wasserinsekten, die in dem beangelten Gewässer leben und die natürliche Nahrung der Fische bilden.

Raupe

Köderfische

Der waidgerechte Angler fischt mit dem toten Köderfisch. Die Fangergebnisse werden dadurch nachgewiesenermaßen nicht vermindert. Für den toten Köderfisch gibt es verschiedene Hakensysteme.

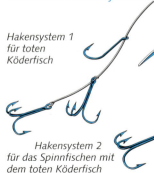

Hakensystem 1 für toten Köderfisch

Hakensystem 2 für das Spinnfischen mit dem toten Köderfisch

Hakensystem 3 für das Spinnfischen mit dem toten Köderfisch

Der lebende Köderfisch sollte nur unter besonderen Umständen eingesetzt werden, z. B. aus hegerischen Gründen gegen große Hechte, die wegen ihrer Erfahrung weder mit Kunstködern und totem Köderfisch noch mit Netzen zu fangen sind, aber aus dem Gewässer herausgefangen werden sollten. Hier gibt die Güterabwägung die Berechtigung: Ein einziger Fisch wird unter größtmöglicher Schonung geopfert, um viele Fische, aber auch Amphibien, Kriechtiere und Jungvögel vor dem Gefressenwerden zu bewahren! Als Köderfische dürfen nicht solche mit Schonmaß oder vom Aussterben bedrohte Arten verwendet werden. Um das Einschleppen von Fischkrankheiten zu vermeiden, sollen keine Köderfische aus fremden Gewässern mitgebracht werden. Als Köder verwendete oder gehälterte Fische sind nach dem Angeln waidgerecht zu töten.

Nasenköderung Lebende Köderfische dürfen zur möglichst geringen Verletzung und Behinderung nur mittels „Nasenköderung", wie auf der Zeichnung dargestellt, angeködert werden.

Mit lebendem Köderfisch dürfen nur erfahrene und geübte Angler mit einer besonderen Genehmigung der Fischereibehörde fischen. Diese Genehmigung ist gesondert zu beantragen.

Getreide

Getreidekörner eignen sich sehr gut zum Anfüttern und als Köder.

Mais   *Hanf*

Benötigt man für den nächsten Angeltag Köder, sollte man folgendermaßen vorgehen: Eine Thermoskanne wird zu ca. 20-25 Prozent mit einer Getreidesorte gefüllt. Bis in die Höhe des Getreides kommt kochendes Wasser. Danach wird die Kanne verschlossen.

Keimling Am nächsten Morgen sind die Körner aufgequollen, sie sind drei- bis viermal so groß wie vorher und ideal zum Angeln. Bei richtig gequollenem Getreide ist die Haut geplatzt, der Keimling wird sichtbar.

Bei Mais und Weizen kann man Zucker oder Honig in geringer Menge zusetzen (alle Cypriniden lieben es süß), Hanf wird naturbelassen, da sich das in ihm befindliche Öl mit Zucker nicht verträgt.

Richtiges Beködern mit Getreide

Mit Getreide wird so angeködert, daß die Hakenspitze verdeckt bleibt.

Kartoffeln

Der beliebteste pflanzliche Köder zum Fang des Karpfens, des Königs der Cypriniden, ist die Kartoffel.

Bevorzugt werden kleine Kartoffeln festkochender Sorten, die nicht geteilt werden müssen. Die Kartoffel wird vorher gekocht.

Ist der Gewässergrund sehr hell, wird mit ungeschälten Kartoffeln geangelt, bei dunklem, schlammigen Grund mit geschälten. Das erleichtert dem Karpfen das Auffinden des Köders.

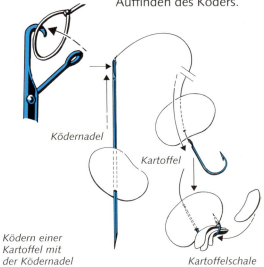

Ködernadel

Kartoffel

Ködern einer Kartoffel mit der Ködernadel

Kartoffelschale

Die Köderung der Kartoffel geschieht mit Hilfe der Ködernadel, mit der das Vorfach sauber durch die Kartoffel geführt werden kann. Damit der Köder bei weiten Würfen nicht ausschlitzt, wird ein Stück Kartoffelschale zwischen Hakenschenkel und Kartoffel gelegt, bevor der Haken in die Kartoffel eindringt.

Köder

Wem das nicht verläßlich genug ist, dem sei folgender Trick mit auf den Weg gegeben: Bereits am Vorabend werden Haken und Köder – wie beschrieben – vorbereitet. Danach kommen sie ins Tiefkühlfach des Kühlschranks. So entsteht eine Verbindung, die sich selbst bei extremen Würfen nicht löst.

Zum Fischwasser werden die Köder isoliert verpackt (Kühltasche oder Zeitungspapier) transportiert. Nach dem Auftreffen auf der Wasseroberfläche taut der Köder sofort an und hat nichts von seinem Reiz für den Fisch verloren. Der Tiefkühltrick hilft auch bei anderen pflanzlichen Ködern.

Brot

Brot kann als Flocke oder als Teig (siehe Kapitel Teig) verwendet werden. Weil die Brotflocke besonders weich ist, wird sie ohne Mißtrauen vom Fisch aufgenommen. Die Flocke wird wie die Kartoffel montiert. Da die Flocke schwimmt, kann man mit ihr gezielt die Wasseroberfläche befischen.

Bei kurzen Würfen genügt die schnell angefeuchtete Brotflocke als Wurfgewicht, bei weiteren Würfen braucht man eine Wasserkugel. Besonders erregend beim Angeln mit Brot ist die Möglichkeit, den Anbiß unmittelbar zu sehen.

Nudeln

Die gekochten Nudeln werden genauso geködert wie Getreide.

Teig

Im Handel gibt es eine große Anzahl Köderteige. Da es für jeden Teig Abnehmer gibt, wird mit jedem Teig auch gefangen.

Selber herstellen kann man folgenden Teig: Eine Scheibe gesüßter Zwieback wird eine Sekunde lang ins Wasser getaucht. Jetzt wird die Scheibe in der hohlen Hand zerbröselt und durch kräftiges Ankneten zu einem elastischen Teig geformt.

Dieser Teig hält nicht nur ausgezeichnet am Haken, er hat auch durch seine besondere Süße Wirkung auf Brassen und Karpfen.

Sollte der Teig wider Erwarten beim Werfen immer wieder abfallen, kann man ein paar Streifen Watte in den Teig einkneten.

Käse

Der Käse wird, je nach Größe der zu beangelnden Fischart, in Würfel geschnitten und mit der Ködernadel (wie die Kartoffel) montiert. Mit einem Messer werden die Ecken des Käsewürfels abgerundet, damit der Fisch beim Aufnehmen des Köders nicht durch die harten Kanten abgeschreckt wird.

Beliebte Köder-Käsesorten sind Hartkäsearten wie Emmentaler und Allgäuer. Der Käse darf ruhig eine gewisse Reife zeigen; auch Fische besitzen ihr Geruchsorgan nicht umsonst.

Boilie

In den letzten Jahren ist ein besonders erfolgreicher Karpfenköder, der Boilie, auf den Markt gekommen. Hierbei handelt es sich um eine ca. 14 bis 24 mm durchmessende Köderkugel, die aus verschiedenen Produkten hergestellt wird.

Das Besondere dieser Kugel ist ihre enorm hohe Härte. Diese Festigkeit ist vom Hersteller beabsichtigt, da es damit ausgeschlossen ist, daß ein anderer Fisch als der Karpfen mit seinen kräftigen Schlundzähnen diesen Köder nehmen kann. Der Boilie besteht zu einem hohen Anteil aus Eiweißstoffen, die von Karpfen besonders gerne genommen werden. Der Erfolg dieses Köders bei Karpfen ist so groß, daß in den letzten Jahren nahezu alle bedeutenden Karpfenfänge mit diesem Köder ausgeführt wurden.

Künstliche Köder

Zum Fang unserer Süßwasserraubfische wie Waller, Hecht, Zander, Rapfen, Döbel, Forelle und Barsch werden immer häufiger künstliche Köder eingesetzt, die eine mehr oder weniger große Beute vortäuschen.

Spinner

Einer der traditionsreichsten Kunstköder ist der Spinner.

Der Spinner hat eine starre Achse, die mehr oder weniger farbig verkleidet ist.

Spinner

Am Ende dieser Achse befindet sich an einem Sprengring der bewegliche Einzel- oder Drillingshaken.

Vor dem Köder liegt, zwischen zwei Perlen, ein blattähnliches Metallblech, das auf Zug um die Achse rotiert. Von dieser Rotation hat der Spinner seinen Namen. Im Englischen heißt „sich schnell drehen": to spin.

Zur Gestaltung des Spinnerblattes und der Verkleidung des Spinnerkörpers sind der Phantasie keine Grenzen gesetzt.

Spinner werden mit Wurfgewichten von 2 bis 15 Gramm hergestellt.

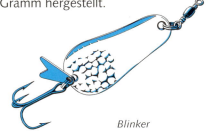

Blinker

Blinker

Auch der Blinker hat seinen Namen aus dem Englischen bekommen, von „to blink", aufblitzen.

Sein deutscher Name, Löffel, verrät die Form, die der eines Löffels ähnlich ist.

Der Blinker hat an einem Sprengring ein oder zwei einzelne Haken oder einen Drillingshaken.

Kleine Blinker wiegen zwischen 6 und 12 Gramm, große bis 50 Gramm. Große Blinker sind 12 cm und länger.

Eine Spezialausführung des Blinkers ist der Krautblinker. Aufgrund seiner Hakenkonstruktion kann er mühelos, ohne daß er sich verhängt, auch über Unterwasserhindernisse gezogen werden. Der Haken des Krautblinkers schnellt, ähnlich wie bei einer Falle, erst beim Anbiß aus seiner Versenkung und hakt den Fisch sicher.

Ein Mittelding zwischen Blinker und Spinner ist der Devon, ein Blinker mit vorgeschalteten Spinnerflügelchen.

Wobbler

Auch hier zeigt sich, daß das Fischen mit dem Kunstköder seinen Ursprung in englischsprechenden Ländern hat: To wobble, was soviel wie „wackeln" heißt. Der Wobbler ist eine amerikanische Erfindung.

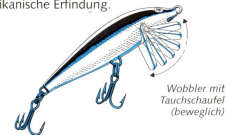

Wobbler mit Tauchschaufel (beweglich)

Alle vorher besprochenen künstlichen Köder sind schwerer als Wasser. Wobbler dagegen gibt es in den Ausführungen schwimmend und sinkend.

Bei der schwimmenden Ausführung ist das Material Holz oder Leichtplastik, die sinkenden Wobbler werden aus Hartplastik oder anderen nicht schwimmfähigen Kunststoffen hergestellt.

Alle Wobbler haben eine am Kopfende montierte Tauchschaufel, die das Verhalten des Köders beim Einzug unter Wasser bestimmt. Je flacher die Stellung der Schaufel ist, um so tiefer geht der Köder bei Zug unter Wasser. Je tiefer die Schaufel steht, um so flacher schwimmt der Köder.

Köder

Wobbler mit verstellbarer Tauchschaufel können auf verschiedene Gewässerverhältnisse eingestellt werden.

Wobbler gibt es mit einteiligem Körper, aber auch mit zwei- oder dreiteiligem, der die Beweglichkeit noch erhöht. Der Wobbler hat, wie der Blinker, ein bis drei Drillingshaken.

Der schwimmfähige Wobbler überwindet leicht Unterwasserhindernisse. Das ist sein großer Vorteil.

Rapfenblei

Ein Spezialköder für den Rapfen, den einzigen Raubfisch aus der Familie der Cypriniden, ist das Rapfenblei.

Der Rapfen jagt mit Vorliebe an der Wasseroberfläche kleine Weißfischarten. Die Beute wird mit großer Geschwindigkeit verfolgt, eingeholt und gefressen. Für langsame oder nicht flüchtende Beute zeigt der Rapfen kein Interesse.

Das Rapfenblei, das einem Grundblei ähnlich ist, wird mit hoher Geschwindigkeit eingezogen, es wird über die Wasseroberfläche gerissen. Das veranlaßt den Rapfen, die Verfolgung aufzunehmen und anzubeißen.

Kunststoffköder

Der Kunststoffköder besteht aus zwei Teilen: aus einem Einzelhaken mit Bleikopf oder System und aus einem Gummikörper. Dabei gibt es diese Körper in verschiedenen Varianten wie z.B. als Fische, Krebse, Frösche Insekten, aber auch in Phantasieformen wie der sehr bekannte Twister und Shaker.

Raubfisch-Kunststoffköder

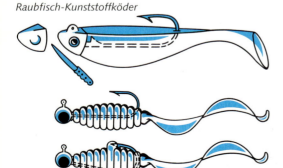

Die Körper der Gummiköder werden in vielen verschiedenen Formen und Farben produziert. Das Anbieten des Köders und sein praktischer Einsatz am Fischwasser werden im Kapitel „Fischereimethoden – Spinnfischen" beschrieben.

Trockenfliege, Naßfliege, Nymphe und Streamer

Mit Ausnahme des Streamers, der einen kleinen Fisch imitiert, handelt es sich bei diesen Ködern um die Nachbildungen wassergebundener Fluginsekten in ihren verschiedenen Entwicklungsstadien.

Naßfliege   *Trockenfliege*

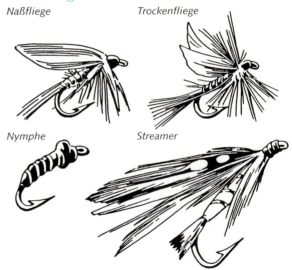

Nymphe   *Streamer*

Wenn zum Beispiel die schwarze Stechmücke ihr Eipaket auf die Wasseroberfläche absetzt, wird dieser Vorgang vom Fliegenfischer mit einer Trockenfliege nachgeahmt. Er setzt eine ähnlich aussehende Fliege auf die Wasseroberfläche und verleitet damit hauptsächlich Fische aus der Gattung der Salmoniden (also z.B. Forellen oder Äschen) zum Anbiß.

Sind die Eier der Insekten zum Gewässergrund gesunken und die Larven haben sich soweit entwickelt, daß sie kurz vor der Verpuppung stehen, steigen sie der Wasseroberfläche wieder entgegen. Das ist das Nymphenstadium. Nachgeahmt wird dieser Vorgang mit Nymphen, die zwischen Gewässergrund und Wasseroberfläche angeboten werden.

Die nach der Eiablage abgestorbenen Fliegen, die im Wasserfilm treiben, werden durch Naßfliegen dargestellt.

Da es in Europa mehr als 1.000 verschiedene Insekten gibt, die ihre Eier im Wasser ablegen, gibt es eine Vielzahl künstlicher Fliegen.

Im Kapitel praktisches Fliegenfischen wird das Anbieten und Fischen mit der Fliegenrute beschrieben.

Meereskunstköder

Seine weitaus größte Bedeutung hat der Kunstköder in der Salzwasserfischerei, da sich fast nahezu alle größeren Meeresfische räuberisch ernähren.

Der bekannteste Meereskunstköder ist der Pilker, der auch Meeresblinker genannt wird. Er wird hauptsächlich zum Fang der schellfischartigen Fische wie Dorsch, Leng, Köhler und Pollack eingesetzt und dann meist zusammen mit einem Springer (siehe Kapitel Praktische Fischereimethoden).

Pilker

Ein weiterer Meereskunstköder ist das Makrelensystem. Hierbei handelt es sich um ein äußerst tragfähiges Vorfach, das mit drei oder mehr Einzelhaken versehen ist. Die Einzelhaken werden mit Federn, Gummikörperchen, Stanniol oder Tintenfischimitationen aus gummiartigem Kunststoff versehen. Sie sollen die Makrele oder artverwandte Fischsorten zum Anbiß verleiten. Den richtigen Einsatz und das erfolgreiche Angeln mit diesen Ködern wird im Kapitel über die Dorsch- und Makrelenrute beschrieben.

Makrelen-System

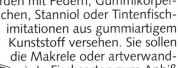

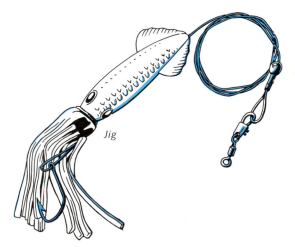

Jig

Der Jig ist der spektakulärste Meereskunstköder, ein Schleppköder, der in der Hochseefischerei zum Fang von Großfischen – speziell von Billfischen (d.h. schwerttragenden Fischarten) – angewandt wird.

Ebenso ist der Jig ein ausgezeichneter Köder für Fische aus der Thunfischfamilie.

Der Jig imitiert nahezu immer einen Tintenfisch von ca. 20 cm Länge oder mehr. Er wird im Abstand von 30 bis 120 m hinter dem Boot hergezogen. Die Schleppgeschwindigkeit richtet sich nach den Gewässerverhältnissen und nach der zu beangelnden Fischart. Sie reicht von drei bis zehn Knoten.

Wer sich über die Hochseefischerei im Detail informieren möchte, sollte sich an einen erfahrenen Petrijünger wenden und sich die einschlägige Literatur besorgen. Es gibt zahlreiche Bücher in deutscher Sprache.

Zubehör

Wir unterscheiden zwischen notwendigem und nützlichem Zubehör. Das notwendige Zubehör ist immer mitzuführen, da sonst ein waidgerechtes Fangen und Versorgen der Fische nicht gewährleistet ist. Das nützliche Zubehör ist nicht absolut notwendig, es erleichtert und verbessert aber das Angeln.

Notwendiges Zubehör

Um den Fisch zu landen, gibt es verschiedene Hilfsmittel. Das bekannteste ist der Unterfangkescher, ein Netzsack, der von Bügeln offengehalten wird. Der Bügel wird an einem Rohr befestigt, das im Teleskopverfahren auf die zwei- bis dreifache Länge ausgezogen werden kann.

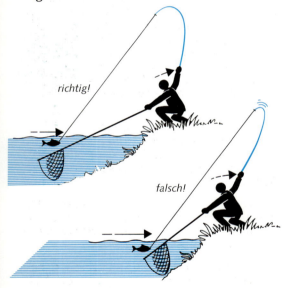

richtig!

falsch!

Der Kescher wird ins Wasser gehalten und der ermüdete Fisch darübergezogen. Dann hebt man den Kescher soweit an, daß die Bügel aus dem Wasser ragen und der Fisch nicht mehr entweichen kann. Mit drei bis vier Schritten nach hinten zieht man den Fisch an Land, falls der Standort des Anglers oder das Gewicht des Fisches ein Hochheben nicht empfehlen. Auf keinen Fall sollte man den Fisch hochheben, wenn hierbei der Kescher brechen könnte. Empfehlenswert ist ein Kescher mit möglichst langem Stiel und möglichst großem Netzsack.

Bei kapitalen Fischen ist der Kescher zu klein. Hier kommt das Gaff, ein hakenbewehrter Stab, zum Einsatz.

Nachdem der Fisch im Drill ermüdet ist, zieht man ihn – ohne die Rute zu überlasten – auf sich zu. Schon vorher wurde das Gaff mit der Spitze nach oben unter den Wasserspiegel gehalten. Nun wird der Kopf des Fisches über den Gaffhaken geführt und der Haken hinter dem Unterkieferknochen eingehakt.

Hierbei durchstößt der Gaffhaken bei richtigem Einsatz nur das schwache Bindehäutchen hinter Unterkieferknochen und Rachenraum. Der Fisch wird dadurch kaum verletzt.

Aus Gründen des fischgerechten Fangs wird der Gaffhaken niemals in den Körper des Fisches eingeschlagen.

Eine weitere Landungshilfe ist der Tailor oder die Schwanzschlinge.

Der Tailor hat bedauerlicherweise wenig Freunde, er ist den meisten Anglern unbekannt. Dabei ist der Tailor eine Landungshilfe, mit der man selbst große Fische wie Hai und Marlin ohne Verletzungen landen, markieren und wieder zurücksetzen kann.

Wenn der Großfisch in der Reichweite des Tailors ist, wird die Schlinge von hinten über den Schwanz gezogen und über der Schwanzwurzel mit einem Ruck zugezogen.

Tailor

Ist der Fisch sicher gelandet, werden Art und Größe des Fisches bestimmt.

Viele Fische haben Schonmaße, die ebenso wie die Schonzeiten vom Gesetzgeber oder dem Fischereirechtsinhaber auf dem Fischereierlaubnisschein oder in der Gewässerordnung aufgeführt sind. Die Größe des Fisches wird mit einem Maßband bestimmt.

Ist der Fisch größer als das Schonmaß, ist keine Schonzeit und gibt es auch keine anderen Gründe, warum der Fisch zu schonen sei (z.B. seltenes Vorkommen oder große Nützlichkeit), wird er zur Verwertung getötet.

Im Tierschutzgesetz wird das Töten eines Fisches genau geregelt. Jedes Wirbeltier (Ausnahme: Aal, Plattfische) muß vor dem Töten betäubt werden. Entweder benutzt man ein Betäubungsgerät (im Fachhandel erhältlich) oder einen ausgedienten Hammerstiel.

Man betäubt den Fisch schnell und ohne zu zögern durch einen kräftigen Schlag. Dabei sollte das Nachhirn des Fisches genau getroffen werden.

Nach dem Betäuben wird der Fisch sofort durch einen Herzstich mit dem Filiermesser getötet. Das Filiermesser hat eine besonders feine und scharfe Spitze, die leicht in den Fischkörper eindringen kann. Es hat eine flexible Klinge, die das Ausweiden und Filieren erleichtert.

Erst nach dem Vermessen, Betäuben und Töten wird der Haken entfernt. Es widerspräche der Fischgerechtigkeit, dem Fisch durch vorheriges Hakenlösen unnötige Pein zu bereiten.

Einfachhaken werden mit einem Hakenlöser gelöst. Es gibt davon verschiedene Ausführungen; alle arbeiten jedoch nach dem gleichen Prinzip.

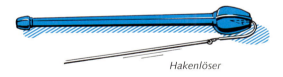

Hakenlöser

Rachensperre (halb geöffnet)

Mehrfachhaken und Haken mit Kunstködern können nur mit der Hakenlösezange oder einer Klemmschere entfernt werden. Dabei ist darauf zu achten, daß die Zange den Körper des Fisches nicht verletzt sowie der Kunstköder (z.B. die Trockenfliege) nicht beschädigt wird.

Bei Raubfischen mit entsprechendem Gebiß ist es sinnvoll und notwendig, eine Rachensperre zu verwenden. Diese Rachensperre gibt es jetzt auch in einer Schonausführung, die ihren Zweck genauso sicher erfüllt wie die mit Zinken ausgestattete Ausführung.

Beim Einsatz der Rachensperre sollte man darauf achten, daß bei kleineren Fischen, die wieder zurückgesetzt werden, die Sperre nicht voll gespreizt wird. So werden Kieferverletzungen des Fisches vermieden.

Nützliches Zubehör

Das wohl am häufigsten gebrauchte Zubehör ist die Ködernadel (siehe auch Kapitel Natürliche Köder – Öhrnadel). Mit dieser Nadel werden natürliche Köder wie Brotflocke, Kartoffel oder Wattwurm haltbar am Haken befestigt.

Ein weiteres nützliches Zubehör ist der Rutenhalter, der zum Ablegen der Rute dient. Wenn man einen Rutenhalter benutzt, wird die Angelrute nicht so leicht verschmutzt und – beim Biß des Fisches – die Schnur ohne Widerstand von der Rolle abgezogen.

Rutenhalter

Beim Brandungsfischen übernimmt der Rutenhalter eine weitere Aufgabe (siehe auch Kapitel Fischereimethoden – Brandungsfischen).

An dieser Stelle sei darauf hingewiesen, daß der naturverbundene Angler Rutenhalter aus geschnittenen Astgabeln aus umweltschonenden Gründen ablehnt.

Um das Zubehör vernünftig zu verstauen, gibt es vier Möglichkeiten: die Sitzkiepe, die Anglertasche, den Plastikkoffer, die Anglerjacke oder Anglerweste.

Der im west- oder norddeutschen Raum beliebteste Transport- und Aufbewahrungsbehälter ist die Sitzkiepe.
Ober- und Unterteil sind durch zwei Scharniere verbunden, das Unterteil kann vom Oberteil abgeklappt werden.

Sitzkiepe

Zubehör

Das Unterteil ist nicht aufgegliedert. Man kann daher in ihm auch große, sperrige Gegenstände, z.B. Teleskoprutenhalter und Köderdosen, verstauen. In der eingesetzten Plastikwanne wird Futter oder Teig angemischt.

Das Oberteil hat zwei bis vier Etagen, die entweder aufgeklappt oder wie Schubladen herausgezogen werden können. Kleineres Zubehör wie Haken, Posen und Bleie werden hier sicher gelagert.

Die Sitzkiepe ist aber auch, wie der Name schon sagt, der Sitz für den Angler.

Demjenigen, der keine Sitzkiepe hat, sei ein Klappstuhl empfohlen. Eine sitzende Position verkleinert die Silhouette. Der Fisch kann den Angler nicht so schnell erkennen.

Im süddeutschen Raum sind Anglertaschen, das sind Umhängetaschen von verschiedener Größe, sehr beliebt.

Ein Fach des Innenteils sollte wasserfest sein, um hier den gefangenen Fisch einstecken zu können.

Das Zubehör wird einzeln in Plastikschachteln o. ä. verstaut. So hat man Ordnung in der Tasche.

Der Plastikkoffer, besser Plastikgerätekasten, erfüllt seine Dienste wie ein Werkzeugkasten. Sein Nachteil: Er kann nicht umgehängt werden; beim Transport ist immer eine Hand blockiert.

Fliegenfischerweste

Wer nur wenig Zubehör zum Fischen braucht und beweglich sein muß – wie der Spinn- und Fliegenfischer –, gibt der Anglerjacke oder -weste den Vorzug.

Beim Kauf sollte man darauf achten, daß die Taschen in Blasebalgausführung gearbeitet sind und das mitzunehmende Gerät nicht zu sehr aufträgt.

Für jede Ködersorte sollte man sich eine Plastikdose mit einem durchlöcherten Deckel anschaffen.

Zum Aufbewahren und zum Transport des fertig montierten Gerätes haben sich Rutenfutterale bewährt. Sie nehmen bis zu fünf Geräte auf. In den aufgesetzten Außentaschen kann man gleichzeitig Rutenhalter, Anglerschirm, Unterfangkescher und vieles mehr transportieren.

Immer beliebter wird der Anglerschirm, ein überdimensionaler, wasserdichter Stoffschirm bis zu 2,50 m Durchmesser. Der Schirm hat einen Erdspieß und ein Knickgelenk, mit dem er in jede beliebige Richtung geknickt und gedreht werden kann.

Kopfleuchte

Ein wichtiges Zubehör ist eine Lampe. Es gibt Kopfleuchten, ähnlich wie der Bergmann sie benutzt. Mit einer Kopfleuchte hat man immer beide Hände frei.

Zum Schluß sei noch auf die richtige Bekleidung hingewiesen.

Da es sich beim Angeln nicht um eine Passion handelt, der man in der Halle nachgeht, muß man gegen die Unbilden des Wetters gewappnet sein. Gummistiefel und Regenbekleidung sollte jeder besitzen. Der Regenmantel sollte den oberen Teil der Gummistiefel bedecken. Sonst tropft das ablaufende Wasser des Mantels in die Stiefel. Wer einen Angeltag im Regen ohne Hut verbracht hat, weiß, warum Angler auch an einem Sonnentag stets eine Kopfbedeckung im Gepäck bei sich führen. Angelbekleidung soll kräftig, aber trotzdem leicht, wärmend und wasserabweisend sein. Am besten, man läßt sich von einem erfahrenen Angler oder in einem guten Fachgeschäft beraten.

Gefangene Fische werden nach dem Betäuben, Töten und Auswaiden am besten in einem luftigen Weide- oder Bambuskörbchen aufbewahrt. Fische, welche in einer Plastiktüte oder ähnlichem verstaut werden, halten nicht sehr lange und zersetzen sich sehr schnell, welches entscheidenden Einfluß auf den späteren Geschmack hat.

Über das Werfen

Mit dem richtigen Wurf landet der Köder im gewünschten Ziel. Die bekanntesten Würfe sind der Überkopfwurf, der Seitenwurf links und der Seitenwurf rechts. Eine Variante davon ist der Pendel- oder Unterarmwurf. Ob mit einer Hand oder zwei Händen geworfen wird, hängt vom Rutentyp ab (Ein- oder Zweihandrute).

Das Werfen ohne Rolle ist relativ einfach, da die Schnur nicht zu einem bestimmten Zeitpunkt freigegeben werden muß. Jedoch ist das Werfen ohne Rolle nur bei unberingten Ruten üblich. Beim Fischen mit der unberingten Stipprute ist die Wurfdistanz auf die doppelte Länge der Rute begrenzt. Ist die Schnur länger als die Rute, wäre weder ein Auswerfen der Schnur noch ein sicheres Landen des Fisches möglich.

Unberingte Stippruten von über 6 m Länge üben beim Überkopf- oder Seitenwurf eine nicht unerhebliche Hebelkraft aus. Wird mit sehr leichtem Gerät zu kräftig ausgeworfen, kommt es zum Bruch. Deshalb sollte man bei sehr langen Ruten oder bei starkem Gegenwind eine schwere Pose und damit schwereres Gerät wählen. Beim Pendel- oder Unterarmwurf besteht Bruchgefahr, wenn die kraftgebende Hand zu tief an der Rute sitzt. Der Drehkreiswiderstand der Rute kann zu stark werden. Das Werfen mit der Rolle kennt diese Tücken nicht. Zum Wurf mit der Stationärrolle braucht man nur wenig Erfahrung und Übung; den richtigen Zeitpunkt zur Schnurfreigabe erkennt man schnell.

Der Überkopfwurf mit der Stationärrolle

Der Wurfablauf ist wie folgt:
Die Hand umgreift die Rute in Höhe des Rollenfußes. Der Rollenfuß kommt dabei zwischen Mittel- und Ringfinger zu liegen. Der Zeigefinger ergreift die Schnur von der Rolle, die noch vom Schnurfangbügel gehalten wird. Der Schnurfangbügel wird umgelegt. Man stellt sich vor das anzuwerfende Ziel, führt die Rute über den Kopf nach hinten und schlägt sie mit Schwung nach vorn. Wenn die Rutenspitze auf das Ziel zeigt, wird die Schnur freigegeben. Dieser Ablauf gilt für alle Wurfarten.

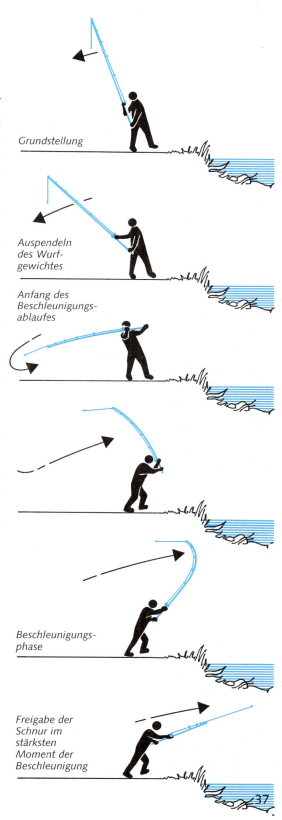

Grundstellung

Auspendeln des Wurfgewichtes

Anfang des Beschleunigungsablaufes

Beschleunigungsphase

Freigabe der Schnur im stärksten Moment der Beschleunigung

Über das Werfen

Der Seitwärtswurf

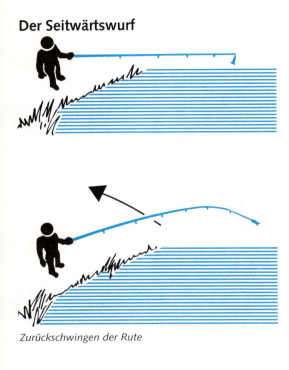

Zurückschwingen der Rute

Beschleunigungen von Rute und Köder im Vorschwung

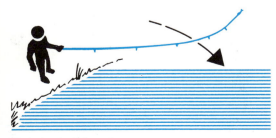

Freigabe der Schnur

Es ist sinnvoll, das Ziel zu überwerfen und dann – durch Einholen der Schnur – den Köder in die richtige Position zu bringen. Dadurch wird der sich am Ziel tummelnde Fisch nicht durch das Auftreffen von Pose, Blei und Köder erschreckt.

Ein Kapitel für sich ist das Werfen mit der Multirolle. Beherrschten früher nur Profis das Werfen mit der damals noch ohne Fliehkraftbremse ausgestatteten Rolle, so machte die Einführung der Fliehkraft- und später der Magnetbremse das Werfen leichter.

Aber auch mit diesen technischen Hilfsmitteln sind einige Punkte zu beachten:

1. Man nimmt die Rute in die linke Hand und holt durch Kurbeldrehung den Köder an die Rutenspitze.

2. Die Hutmutter hinter der Kurbel wird fest angedreht (Achsbremse).

3. Jetzt wird bei Magnetbremsen der Schalter auf maximale Belastung gestellt.

4. Man hält die Rute waagerecht, drückt die Freilauftaste und löst die Hutmutter der Achsbremse durch langsames Drehen nach links, solange, bis der Köder zügig und gleichmäßig zu Boden sinkt. Wenn der Köder auf dem Boden auftrifft, muß die Spule sofort stehenbleiben.

5. Zur eigenen Sicherheit sollte man noch zwei- bis dreimal das Wurfgewicht zur Rutenspitze holen, den Freilauf drücken und das Wurfgewicht zu Boden sinken lassen.
Wenn auch jetzt die Spule nicht mehr nachläuft, wird beim Wurf keine Perückenbildung entstehen.

Mit Hilfe des Magnetkontrollhebels wird man, je nach Können, den Ablauf verfeinern und größere Wurfdistanzen erreichen.
Bei jedem Wechsel des Wurfgewichtes muß die Rolle neu eingestellt werden.

Mit der Multirolle wirft man nicht, wie mit der Stationärrolle, hart aus dem Handgelenk, sondern in einem ruhigen gleichmäßigen Zug aus dem ganzen Arm.

Diese Wurftechnik wird in den nachfolgenden Punkten Schritt für Schritt erläutert.

Geworfen wird mit der rechten Hand.

1. Die rechte Hand greift die Rute gleich hinter der Rolle.

2. Die linke Hand greift das Ende des Geschirrs.

3. Jetzt dreht man den Oberkörper leicht nach rechts und hält die Rute leicht nach hinten, wobei die Spitze zum Boden zeigt.

4. Mit dem Daumen der rechten Hand drückt man nun die Freilauftaste und läßt danach den Daumen auf die Spule gleiten.

5. Jetzt dreht man den Oberkörper wieder nach vorn und zieht mit einer gleichmäßigen zügigen Bewegung – aus der Drehung heraus – die Rute nach.

Wenn die Rutenspitze in Zielrichtung zeigt, nimmt man den Daumen von der Spule, läßt gleichzeitig den Köder frei, wodurch er zum Ziel fliegt.

Hierbei sollte die Rutenspitze immer leicht nach oben zeigen (ca. 10.00 Uhr-Stellung).

6. Ist der Köder über das Ziel hinausgeflogen, legt man den rechten Daumen auf die Spule, und der Wurf ist beendet.

7. Jetzt wechselt die Rute in die linke Hand; die rechte Hand führt den Köder durch Drehen der Kurbel im Wasser.

8. Beim Überkopfwurf zieht man die Rute – wie vorher beschrieben – von hinten nach vorne und läßt das Geschirr – wieder bei 10.00 Uhr-Stellung der Rutenspitze – fliegen.

Die seitliche Körperdrehung entfällt.

Wichtig ist eigentlich nur der Augenblick, in dem der Daumen von der Spule genommen wird und der Köder zum Ziel fliegt.

In diesem Moment sollte die Rutenspitze auf 10.00 Uhr zeigen.

Der Pendel- oder Unterarmwurf ist mit der Multirolle nur sehr schwer auszuführen.

Nur Spezialisten beherrschen ihn.

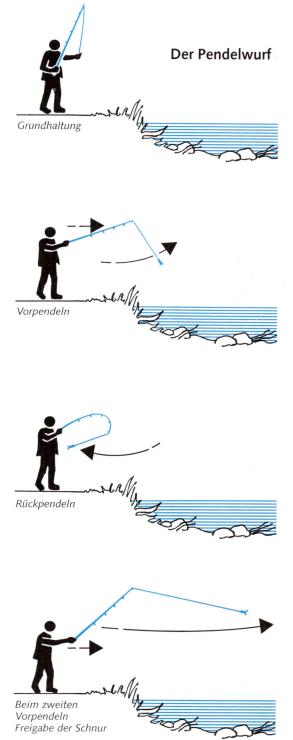

Der Pendelwurf

Grundhaltung

Vorpendeln

Rückpendeln

Beim zweiten Vorpendeln Freigabe der Schnur

Über das Werfen

Das Werfen mit der Fliegenschnur

Das Werfen mit der Fliegenschnur ist deshalb problematisch, weil kein Wurfgewicht im üblichen Sinne zur Verfügung steht. Das Wurfgewicht ist die Fliegenschnur selber.
Um die nahezu gewichtslose Fliege an das gewünschte Ziel zu bekommen, wird die Rute, einfach erklärt, von vorn nach hinten bewegt und die Schnur wie mit einer Peitsche zügig vor und zurück geschleudert. Bei jeder Bewegung gibt man Schnur zu.
Die nachfolgenden Bilder illustrieren diesen Vorgang!
Sobald sich die Schnur gestreckt hat, wird die Rute nach vorn gedrückt. Zu beachten ist, daß die Rute die ideale Linie, also die Linie nicht verläßt, bei der die Kraftübertragung am längsten auf die Schnur wirkt.

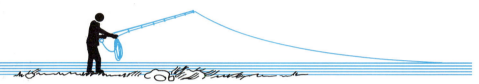

Bild 1: Der Angler hält die Schnur waagerecht, 3-4 m Schnur liegen auf dem Wasser.

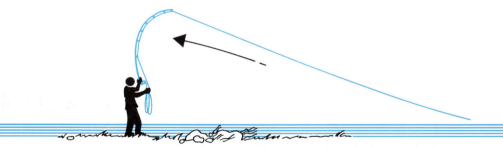

Bild 2: Der Angler zieht die Rute – leicht versetzt – mit einem gleichmäßigen Schwung nach hinten und hält sie in nahezu senkrechter Stellung fest.

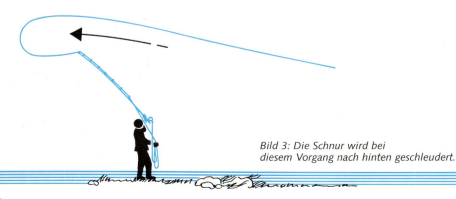

Bild 3: Die Schnur wird bei diesem Vorgang nach hinten geschleudert.

Wird die Schnur in dieser Phase rechtzeitig freigegeben, wird ein längeres Stück Schnur frei. Bei jeder Wiederholung dieses Vorganges verlängert sich das freie Stück.

Je länger die Schnur ist, um so länger müssen die Pausen zwischen den einzelnen Phasen sein. In diesen Pausen muß sich die Schnur strecken.

Will man nun die Fliege anbieten, beschleunigt man die Schnur kräftiger und läßt sie durch rechtzeitiges Öffnen der schnurführenden Hand „einschießen".
Durch die Beschleunigung schießt die Schnur mehrere Meter nach vorn und legt sich dann auf dem Wasser ab. Beim Einschießen ist darauf zu achten, daß die Rutenspitze auf das gewünschte Ziel zeigt.

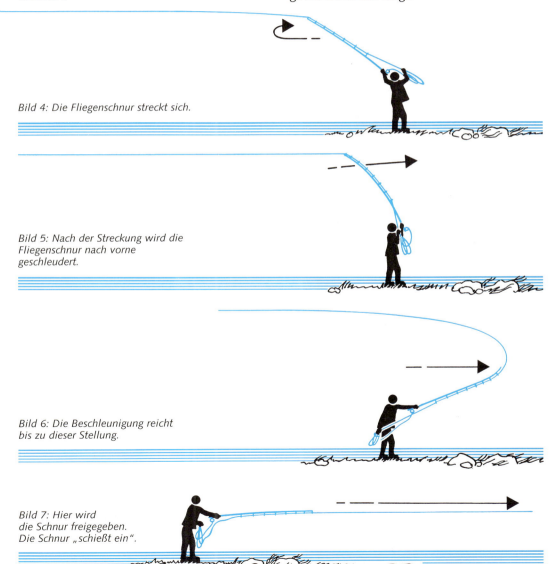

Bild 4: Die Fliegenschnur streckt sich.

Bild 5: Nach der Streckung wird die Fliegenschnur nach vorne geschleudert.

Bild 6: Die Beschleunigung reicht bis zu dieser Stellung.

Bild 7: Hier wird die Schnur freigegeben. Die Schnur „schießt ein".

Über das Werfen

Der Rollwurf

Neben diesem Basiswurf gibt es noch zahlreiche Trickwürfe. Am bekanntesten ist der Doppelzug, der die Schnur so stark beschleunigt, daß Würfe bis 55 m möglich sind (normale Würfe reichen 10-15 m weit).

Beim Doppelzug wird die Schnur nicht allein von der Rute beschleunigt, sondern auch von der schnurführenden Hand.

Ein weiterer bekannter Trickwurf ist der Rollwurf. Diesen Wurf wendet man an, wenn man Hindernisse hinter sich hat.

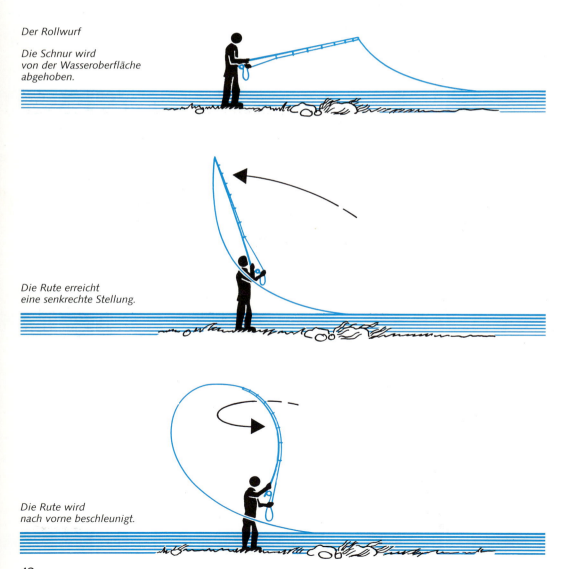

Der Rollwurf
Die Schnur wird von der Wasseroberfläche abgehoben.

Die Rute erreicht eine senkrechte Stellung.

Die Rute wird nach vorne beschleunigt.

Wer den Basiswurf, den Doppelzug und den Rollwurf beherrscht, wird mit jeder Situation fertig.
Besonders wichtig beim Werfen mit der Fliegenrute ist der fließende Wurfablauf. Wichtig sind die notwendigen Pausen zwischen den einzelnen Phasen. Ohne Pausen kommt es zum Peitscheneffekt; die Fliege wird beim Peitschenknall abgerissen.
Weitere Tricks und Tips sind im Kapitel „Praktische Fischereimethoden – Fliegenfischen" beschrieben.

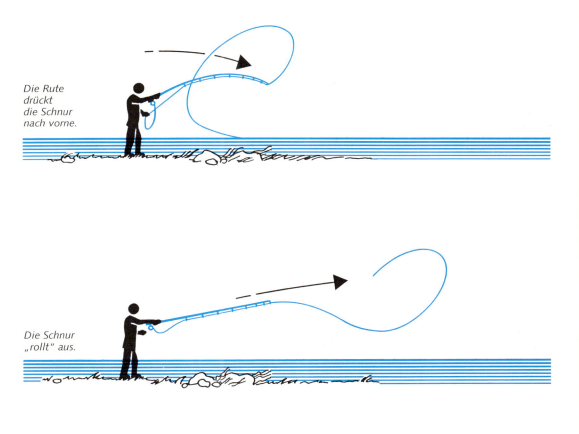

Die Rute drückt die Schnur nach vorne.

Die Schnur „rollt" aus.

Die Schnur legt sich ab.

Prüfungs-Aufgabe:
Die Angelausrüstung für das Fischen mit der unberingten Stipprute ist richtig zusammengestellt, wenn der Prüfungsteilnehmer wie folgt vorgeht:

a) Eine <u>unberingte</u> Teleskop- oder Steckrute mit einer Länge zwischen ca. 3 m und 10 m.
b) Eine mehrere Meter lange (ca. so lang wie ausgewählte Rute) monofile Schnur von max. 0,20 mm ⌀
c) Eine feststehende Pose mit einer Tragkraft bis 8 gr.
d) Schrotblei, Tropfenblei, Wickelblei, Stabblei
e) Kleiner Wirbel
f) Haken der Größe 12 oder kleiner, mit schwächerem Vorfach als die Hauptschnur
g) Unterfangkescher
h) Meßgerät
i) Betäubungsgerät
j) Messer
k) Hakenlöser
l) Aufbewahrungsbehälter

Montageanleitung

1. Monofile Hauptschnur von höchstens 0,20 mm ⌀ an der Spitze der unberingten Rute mit z.B. halbem, gekontertem Blutknoten befestigen.
2. Knoten durch Zugprobe prüfen.
3. Pose von max. 8 gr. Tragkraft aufschieben und fixieren.
4. Schrotbleie anklemmen (geschätzt).
5. Hauptschnur soweit abschneiden, daß sie ca. 1 m kürzer ist als die Rute lang.
6. Kleinen Wirbel mit halbem, gekontertem Blutknoten befestigen.
7. Knoten durch Zugprobe prüfen.
8. Vorfach mit Haken der Größe 12 oder kleiner in den offenen Karabiner des Wirbels einhängen.
9. Karabiner des Wirbels schließen.
10. Das Vorfach darf auf keinen Fall stärker sein als die Hauptschnur.
11. Knoten des Vorfaches überprüfen.
12. Folgendes Zubehör beifügen:

a) Unterfangkescher
b) Meßgerät
c) Betäubungsgerät
d) Messer
e) Hakenlöser
f) Aufbewahrungsbehälter (nur für Köderfische)

13. Fangbereites Gerät dem Prüfer zur Inspektion vorlegen.

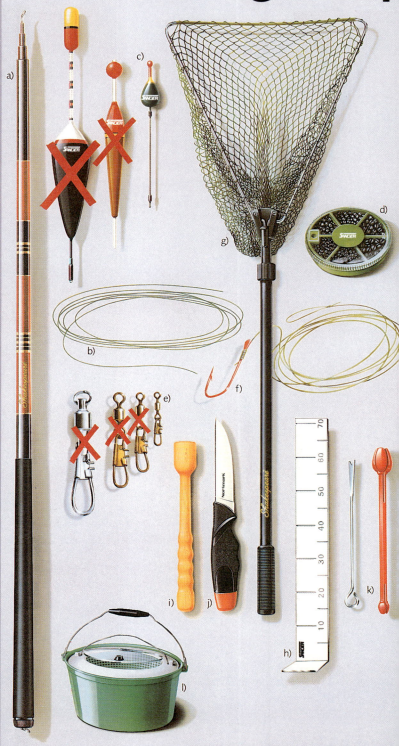

Die unberingte Stip

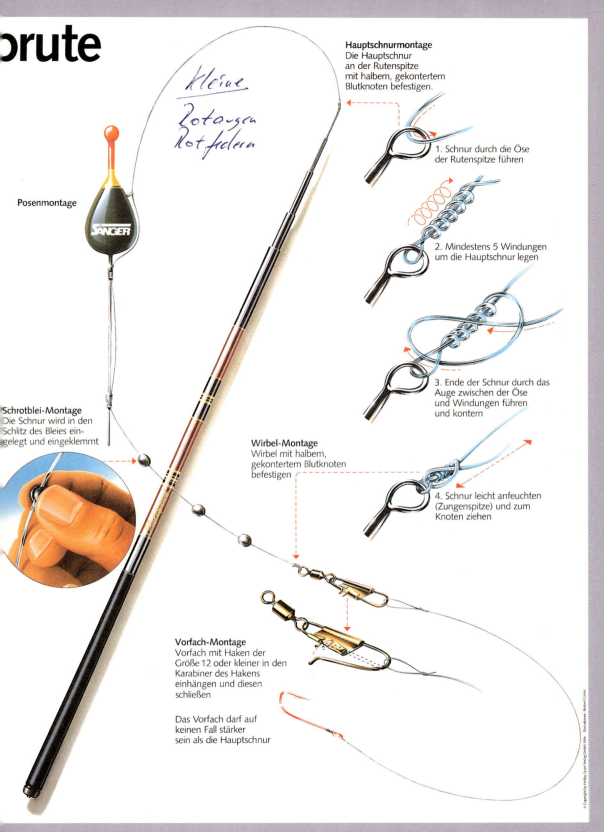

Das Fischen mit der unberingten Stipprute

Mit der unberingten Rute werden Kleinfische wie Rotaugen und Weißfische wie Brassen, Güster und Döbel geangelt.

Diese Fischereimethode hat viele Anhänger – aber auch viele Gegner.

Die Anhänger sehen in dieser Fischereimethode die besondere hegerische Leistung zum Abbau der Weißfischüberbestände sowie die besondere Fischgerechtigkeit, da nur eine Rute benutzt wird und der Anhieb beim geringsten Biß erfolgt.

Auch benutzen viele Angler Haken ohne Widerhaken; der Fisch kann schnell und schonend gelöst werden.

Die Gegner dagegen sehen in dieser Fischereimethode eine Belastung der Gewässer durch zu starkes Anfüttern und eine Verminderung des Ansehens der Sportfischer durch übertriebenes Preisfischen.

Es ist eine Trennlinie zu ziehen zwischen dem ernsthaften und hegerischen Fischen und dem Preisfischen, das kommerziellen Zwecken dient und nicht im Einklang mit den Richtlinien der Verbände steht.

Gemeinschaftsfischen sollte immer auch eine Hegemaßnahme sein, die gefangenen Fische sollten sinnvoll – z.B. als Futter für Zootiere, wenn menschlicher Verzehr ausgeschlossen ist – verwertet werden.

Die Ausrüstung

Die unberingte Stipprute hat, wie ihr Name bereits sagt, keine Ringe. Daher erübrigt sich ein Rollenhalter.

Die Schnur wird direkt an die Spitze geknüpft.

Hat die Spitze eine Öse, kann man die Schnur mit einem halben gekonterten Blutknoten befestigen.

Meist sind die Spitzen jedoch ringlos. In diesem Fall wird entweder eine Öse eingebaut, oder die Schnur wird mit Hilfe von zwei Posengummis (oder mit einem Stück Ventilgummi von 2-5 cm Länge) angebunden.

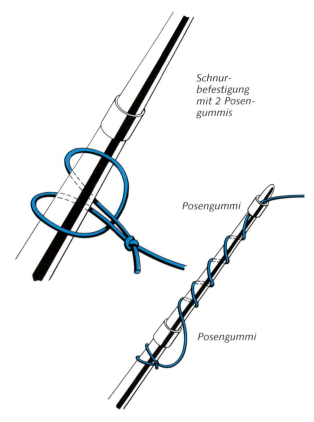

Schnurbefestigung mit 2 Posengummis

Posengummi

Posengummi

Eine weitere Möglichkeit ist der Einbau eines Gummizuges in die Spitze. Der Handel bietet entsprechende Spitzenaufsätze an. Der Gummizug verhindert das Zerreißen der Schnur beim Anschlag, der Anschlagschock wird durch das Gummiband sanft abgefedert.

Gummispitze

Ist die Schnur fachgerecht angeknüpft, wird sie an der Rute entlang bis zum Handteil geführt und in Höhe des Handteils abgeschnitten.

Auf die Schnurbahn kommt die entsprechende Pose.

Beim unberingten Stippfischen werden grundsätzlich feststehende Posen verwandt. Für jeden Gewässertyp und jede Fischart gibt es spezielle Posen.

Bei der Pose für stehende Gewässer ist ein langer, schlanker Körperaufbau typisch, die Pose für Fließgewässer hat einen gedrungenen, der Strömung am wenigsten Widerstand entgegensetzenden Körper.

Die Tragkraft der Posen liegt zwischen 0,5 und 30 Gramm.

Posen für die unberingte Stipprute

Die Pose für stehende Gewässer wird mit mehreren kleinen Schrotbleien austariert, die Pose für Fließgewässer immer nur mit einem Gewicht.

Nach der Montage der Beschwerung wird an das Ende der Schnurbahn ein kleiner Wirbel befestigt, oder das Ende wird zu einer Schlaufe gebunden. An diese Schlaufe (bzw. an den Karabiner) kommt das schwächere Vorfach mit dem entsprechenden Haken.

Beim Fischen mit der unberingten Stipprute kommt das beste Material und die ausgefeilteste Technik zum Einsatz. Andere Fischereimethoden und die Geräteindustrie profitieren von den Erfahrungen, die mit diesem Material und dieser Technik gemacht werden.

Die Köder

Der beste Friedfischköder ist die rote Zuckmückenlarve. Da jedoch diese Larven Krankheitsüberträger sind, ist es meist verboten, sie als Köder einzusetzen.

Eine Nachahmung der Zuckmückenlarve sind die dem Futter beigemengten „Pinkies"-Maden.

Hauptsächlich werden die großen Larven der Schmeißfliege als Köder verwendet.
Ihre Anköderung ist im Kapitel „Natürliche Köder" beschrieben.

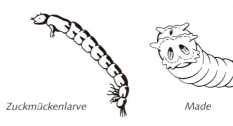

Zuckmückenlarve   Made

Das Fischen

Nach Erforschung des Gewässergrundes mit dem Grundsucher wird an der idealsten Stelle – das ist meistens der tiefste Punkt – angefüttert.

Jeder Stippfischer hat sein eigenes (gehütetes) Rezept für das Anmischen des Futters. Meist ist jedoch die Basis Paniermehl, die „Zutaten" sind Biskuitmehl, Kleie, Zwieback oder Kuchenmehl.

Dem angemischten Futter werden Reizstoffe beigefügt. Zum Beispiel Honig, Traubenzucker oder Vanille für Karpfen und Brassen, Curry oder ähnliche Gewürze für Rotaugen oder andere Kleinfische.

Gewürze und Reizstoffe werden in kleinen Mengen beigegeben.

Ein Universalfutter z.B. besteht aus 4 Teilen Paniermehl, 2 Teilen Maismehl, einem Teil feinen Maisschrotes, 3 Teilen Schokolade und einem Teil Biskuitmehl.

Das Fischen mit der unberingten Stipprute

Diese Teile werden vermischt und mit einem kleinen Schuß Honigaroma verfeinert.

Bei Fließgewässern mischt man dem Futter, je nach Stärke der Strömung, feinen bis groben Kies unter, damit die Futterballen schwerer werden und zu Boden sinken.

Jetzt wird das Futtermehl vorsichtig angefeuchtet und so lange vermengt, bis es sich wie feuchte Erde anfühlt.

Wenn man es in der Hand zusammendrückt, darf es nicht auseinanderfallen.

Nachdem das Futter fertig ist, werden noch lebende Maden beigemischt. Auf 5 Liter Trokkenfutter kommt ein Liter Maden.

Es ist darauf zu achten, daß nur soviel Futter angeboten wird, wie auch gefressen werden kann. Nicht aufgenommenes Futter säuert und kann bei späterer Nahrungsaufnahme zu Darmerkrankungen der Fische führen.

Zu Beginn des Angelns werden vier bis fünf apfelsinengroße Futterballen an die Stelle geworfen, die befischt werden soll.

Schon nach kurzer Zeit sind die ersten Fische vom Futter angelockt.

Da sich das Mehl im Wasser rasch auflöst und vom Fisch nicht gefressen werden kann, sondern nur die Appetitnerven anregt, werden die jetzt angebotenen Maden, mit oder ohne Haken, willig angenommen.

Die gehakten Fische werden sofort aus dem Schwarm geführt, damit sie die anderen Fische nicht beunruhigen.

Damit die Fische am Futterplatz bleiben, wird nach jedem gefangenen Fisch mit einer kleinen Futtermenge nachgefüttert.

Wichtig ist ein langer Unterfangkescher.

Da nicht selten Ruten bis zu 11 m Länge zum Einsatz kommen, würden kurze Kescher beim Landen eines größeren Fisches zum Bruch der Rute führen.

Eine interessante Variante des Stippfischens ist das „Tunken". Es wird in schnellfließenden Gewässern angewandt, da hier ein normales Führen der Pose und Erkennen des Bisses sehr schwierig ist.

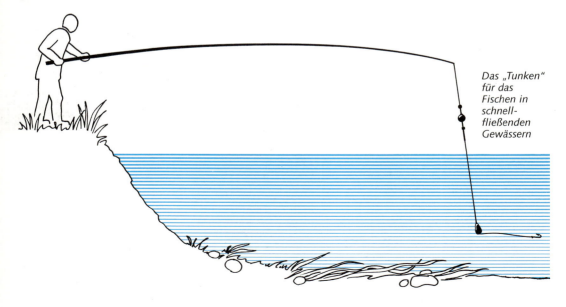

Das „Tunken" für das Fischen in schnellfließenden Gewässern

Beim Tunken werden extrem schwere Bleie (bis 30 Gramm) verwandt. Sie garantieren, daß der Köder nicht von der Strömung hochgedrückt wird. Extrem groß sind die Posen, da die Pose das Blei tragen muß.

Der Trick bei dieser Methode: Die Pose wird 10 bis 15 cm höher geschoben, als das Wasser tief ist; sie wird nicht im Wasser abgesetzt.

Der Angler spürt an der Entlastung der Rutenspitze, wenn das Laufblei den Boden berührt.

Jetzt wird das Blei wenige cm angehoben, der Köder wird knapp über Grund angeboten.

Beim Tunken wird meist mit verkürzter Schnur gearbeitet. Die Schnurbahn richtet sich nicht nach der Länge der Rute, sondern nach der Tiefe des zu beangelnden Gewässers. Das bedeutet auch, daß die Rute nach jedem Biß verkürzt wird. Bei Steckruten werden so viele Teile abgezogen, bei Teleskopruten so viele Teile eingefahren, bis es möglich ist, den gehakten Fisch zu landen.

Im Fließgewässer wird sehr häufig verkürzt gefischt, das Fischen mit langer Bahn ist in stehendem Gewässer üblich.

Wenn sich nach stundenlangem Angeln die Steckrutenteile nur sehr schwer lösen lassen, faßt man die Rutenteile hinter sich und drückt in gebückter Stellung die haltenden Arme mit den Beinen auseinander.

Trick zur Lösung einer festsitzenden Rute

Prüfungs-Aufgabe:
Die Angelausrüstung für das Fischen mit der leichten, beringten Stipprute ist richtig zusammengestellt, wenn der Prüfungsteilnehmer wie folgt vorgeht:

a) Rute mit einem Wurfgewicht bis zu 30 gr., ca. 3 m - 6 m lang
b) Kleine Stationärrolle mit max. 0,25 mm ⌀ monofiler Schnur
c) Stopper
d) Laufpose bis 8 gr. Tragkraft
e) Schrotblei (Tropfenblei, Wickelblei, Stabblei)
f) Kleiner Wirbel
g) Haken der Größe 12 oder kleiner, mit schwächerem Vorfach als die Hauptschnur
h) Unterfangkescher
i) Meßgerät
j) Betäubungsgerät
k) Messer
l) Hakenlöser

Montageanleitung

1. Die kleine Stationärrolle wird an der Rute montiert.
2. Den einwandfreien Sitz und sicheren Halt der Rolle an der Rute prüfen.
3. Den Schnurfangbügel der Rolle öffnen.
4. Von der Rolle ausgehend, die Schnur durch sämtliche Schnurlaufringe der Rute ziehen.
5. Stopper montieren.
6. Kleine Laufpose von max. 8 gr. Tragkraft aufschieben.
7. Schrotbleie anklemmen.
8. Kleinen Wirbel mit halbem, gekontertem Blutknoten befestigen.
9. Knoten auf richtigen Sitz und Festigkeit durch Zugprobe prüfen.
10. Vorfach mit der Hakengröße 12 oder kleiner in den offenen Karabiner des Wirbels einhängen.
11. Karabiner des Wirbels schließen.
12. Die Festigkeit des Vorfaches darf auf keinen Fall stärker sein als die der Hauptschnur.
13. Knoten des Vorfaches durch Zugprobe prüfen.
14. Schnurfangbügel der Rolle schließen.
15. Bremse der Stationärrolle einstellen.
16. Folgendes Zubehör beifügen:
    a) Unterfangkescher
    b) Meßgerät
    c) Betäubungsgerät
    d) Messer
    e) Hakenlöser
17. Fangbereites Gerät dem Prüfer zur Inspektion vorlegen.

50

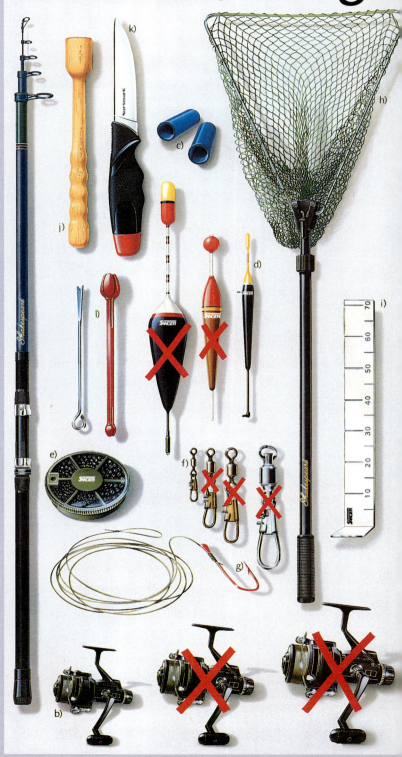

Die leichte, beringte

Stipprute

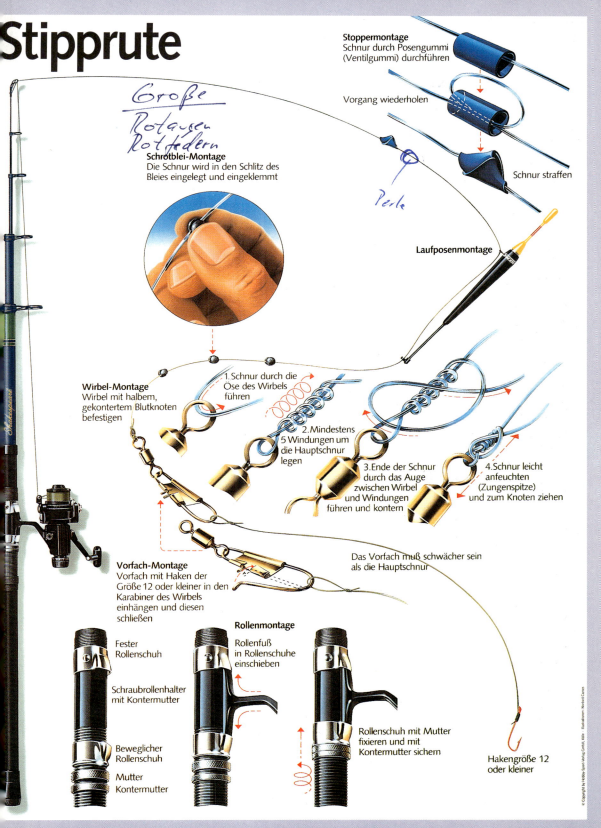

Prüfungs-Aufgabe:
Die Angelausrüstung für das Fischen mit der schweren, beringten Stippprute ist richtig zusammengestellt, wenn der Prüfungsteilnehmer wie folgt vorgeht:
- a) Rute mit einem Wurfgewicht von 30 gr. - 80 gr. und einer Länge von 2,40 m bis 5,5 m
- b) Mittlere Stationärrolle mit mindestens 0,35 mm ⌀ monofiler Schnur
- c) Stopper (Posengummis)
- d) Glas- oder Plastikperlen
- e) Laufpose bis 20 gr. Tragkraft
- f) Schrotblei, Kugelblei oder Bleiolive
- g) Mittlerer Wirbel
- h) Haken der Größe 2-8 mit schwächerem Vorfach als die Hauptschnur
- i) Unterfangkescher
- j) Meßgerät
- k) Betäubungsgerät
- l) Messer
- m) Hakenlöser oder Hakenlösezange

Montageanleitung
1. Die mittlere Stationärrolle wird an der Rute montiert.
2. Den einwandfreien Sitz und sicheren Halt der Rolle an der Rute prüfen.
3. Den Schnurfangbügel der Rolle öffnen.
4. Die Schnur durch sämtliche Schnurlaufringe der Rute ziehen.
5. Stopper montieren.
6. Perle auffädeln.
7. Laufpose mit einer Tragkraft von max. 20 gr. aufschieben.
8. Je nach Tragkraft der Pose Schrotblei anklemmen oder Kugelblei oder Bleiolive aufschieben.
9. Wenn Kugelblei oder Bleiolive verwandt werden, muß zum Schutz des Knotens am Wirbel ein weiterer Stopper angebracht werden.
10. Mittleren Wirbel mit halbem, gekontertem Blutknoten befestigen.
11. Knoten auf richtigen Sitz und durch Zugprobe prüfen.
12. Bei Verwendung eines Laufbleies muß jetzt der zuvor montierte Stopper (siehe Punkt 9) auf den Knoten geschoben werden, damit er ihn vor dem Auflaufen des Bleies schützt.
13. Vorfach mit Haken der Größe 2 bis 8 in den Karabiner des Wirbels einhängen.
14. Karabiner des Wirbels schließen.
15. Das Vorfach darf auf keinen Fall stärker sein als die Hauptschnur.
16. Knoten des Vorfaches durch Zugprobe prüfen.
17. Schnurfangbügel der Rolle schließen.
18. Bremse der Stationärrolle einstellen.
19. Folgendes Zubehör beifügen:
- a) Unterfangkescher
- b) Meßgerät
- c) Betäubungsgerät
- d) Messer
- e) Hakenlöser oder Hakenlösezange
20. Fangbereites Gerät dem Prüfer zur Inspektion vorlegen.

Die schwere, bering

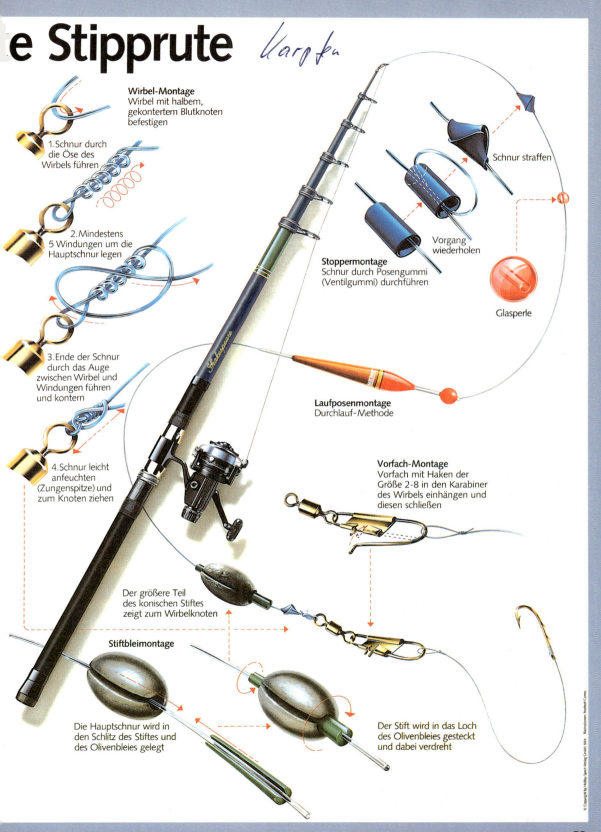

Das Fischen mit der beringten Stipprute

Beim Stippfischen wird ein natürlicher Köder mit Hilfe einer Pose im freien Wasser angeboten.

Köder, die an der Wasseroberfläche eingesetzt werden, brauchen keinen Bißanzeiger, da der Biß durch Blickkontakt erkannt wird. Berührt der Köder den Grund, spricht man vom Grundangeln (Grundfischen).

Die Ausrüstung

Für die leichte Stippfischerei bis 8 Gramm Tragkraft der Pose sind Ruten mit einem Wurfgewicht bis 20 Gramm ideal.

Eine kurze Rute ist handlicher, eine lange Rute erlaubt besseres Führen des Köders und schnellen Anhieb.

Die ideale Länge der Ruten richtet sich nach dem Gewässer.

Eine Spitzenaktion der Rute erlaubt genauen Anhieb, schnelle Würfe und gute Kontrolle des Fisches im Drill.

Für die schwere Stippangelei bis 20 Gramm Tragkraft der Pose sind Ruten mit höherem Wurfgewicht bis 50 Gramm vorzuziehen.

Da dabei häufig große, weiche Köder verwendet werden, sollte die Rute eine mehr semi-parabolische Aktion haben.

Als Rollen verwendet man Stationärrollen von kleiner bis mittlerer Größe. Je nach Größe werden die Spulen der Rollen mit 0,20 mm bis 0,35 mm Durchmesser monofiler Schnur gefüllt.

Stopper, Glasperlen, entsprechende Posen sowie Blei, Wirbel und Haken verschiedener Größen vervollständigen die Ausrüstung.

Notwendiges Zubehör sind ein Unterfangkescher entsprechend der Rutenlänge und der zu erwartenden Fischgröße, ein genaues Meßgerät, ein Betäubungsgerät sowie Messer und Hakenlöser oder Hakenlösezange.

Wer das Meßgerät einmal nicht dabei hat, kann sich mit Geldstücken oder -scheinen be-

„Geldschein-Trick"

helfen. Ein 5 DM-Stück hat einen Durchmesser von 2,9 cm, ein 10 DM-Schein ist 13 cm, ein 20 DM-Schein 13,8 cm lang.

Das Messer sollte eine feine Spitze haben, damit es beim Herzstich nicht abrutscht. Eine biegsame Klinge erlaubt ein besseres Filieren.

Hakenlöser

Hakenlöser gibt es in vielen verschiedenen Ausführungen. Bewährt haben sich Löser, die ein zweites Verhängen des Hakens verhindern.

Rutenhalter

Bei der Wahl eines Rutenhalters sollte man darauf achten, daß der Einschnitt für die Schnur vorhanden ist und die Schnur beim Ablaufen nicht behindert bzw. an scharfen Kanten aufgescheuert wird.

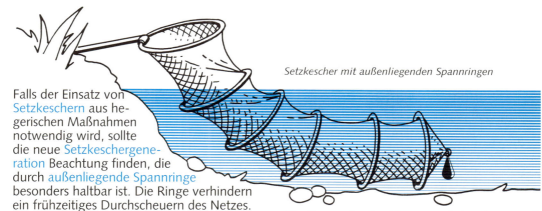

Setzkescher mit außenliegenden Spannringen

Falls der Einsatz von Setzkeschern aus hegerischen Maßnahmen notwendig wird, sollte die neue Setzkeschergeneration Beachtung finden, die durch außenliegende Spannringe besonders haltbar ist. Die Ringe verhindern ein frühzeitiges Durchscheuern des Netzes.

Das Netzmaterial sollte knotenlos gearbeitet sein.

Die Köder

Die wohl beliebtesten Köder beim Stippfischen sind natürliche Köder wie die Made oder der Wurm. Aber auch pflanzliche Köder wie Getreide, Brot und Teig finden Anwendung.

Die einzigen Kunstköder, die diese Fischereimethode kennt, ist die Hegene, zum Fang von Seesaiblingen und Renken, sowie die Mormischka zum Fang von den meisten karpfenartigen Fischen.

Das Fischen

Mit der beringten Stipprute wird meistens auf Cypriniden gefischt. Da diese Fische ihre Nahrung in Bodennähe suchen, ist eine genaue Bestimmung der Wassertiefe mit Hilfe eines Grundsuchers notwendig.

Der moderne Grundsucher ist der Klappgrundsucher.

Grundsucher übersteigen die Tragkraft der bereits ausgebleiten Pose bei weitem.

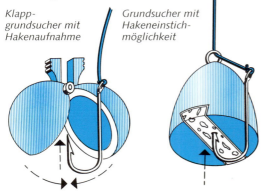

Klappgrundsucher mit Hakenaufnahme

Grundsucher mit Hakeneinstichmöglichkeit

Die Pose oder der Stopper wird so lange auf der Schnur hin- und hergeschoben, bis sie nach dem Einwurf mit dem Grundsucher knapp unter oder über der Wasseroberfläche zu sehen ist.

Durch das mehrmalige Einwerfen des Grundsuchers entsteht Unruhe an der Angelstelle. Mit folgendem Trick braucht man den Grundsucher nur einmal einzuwerfen:

Man schiebt die Pose bzw. den Stopper weit über die vermutete Wassertiefe hinaus. Dann nimmt man einen Weinkorken und

Stopperknoten drückt eine zur Öse gebogene Büroklammer in den oberen und eine in den unteren Teil des Korkens. Durch diese Ösen läuft die Schnur.

Wird nach dem Auswurf entsprechend Schnur gegeben, läuft die Schnur, bedingt durch den Grundsucher, reibungslos durch die beiden Ösen. Kommt die Schnur zum Stillstand – d.h., hat der Grundsucher sein Ziel erreicht – strafft man die Schnur. Jetzt legt sich die Schnur gespannt um den Korken, und man hebt ihn, ohne daß er weitergleitet, beim Einholen der Schnur von der Wasseroberfläche ab.

Korkenmontage zur Feststellung der Wassertiefe

Damit hat man durch einmaliges Ausloten die exakte Gewässertiefe bestimmt.
Später wird nur noch die Pose bzw. der Stopper an die Stelle des Korkens geschoben. Durch Herausziehen der Ösen wird der Korken beseitigt, ein Abnehmen der Pose entfällt. Es gibt verschiedene Möglichkeiten, Posen auszubleien.

Das Fischen mit der beringten Stipprute

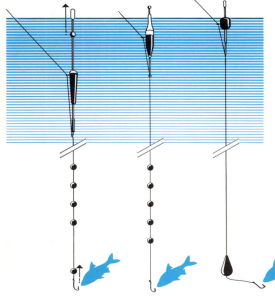

Liftmethode   Stillwassermontage   Fließgewässermontage

Für Fließgewässer wird eine Pose mit einem tropfenförmigen oder kugelähnlichen Körper verwandt, damit der Strömung wenig Widerstand entgegengesetzt wird. Danach wird die Pose mit einem einzigen Blei (Stab-, Oliven- oder Catherinenblei) austariert.

Für stehende Gewässer wird die Perlenmontage angewandt. Bei dieser Austarierungsmethode verteilt man das von der Pose zu tragende Gewicht soweit wie möglich auf die Gesamtlänge der Schnur unterhalb des Schwimmers. Der Köder sinkt langsam und natürlich in Grundnähe und bietet damit den Fischen einen Anreiz zum Biß.

Eine Verfeinerung der Perlenmontage ist die Liftmethode. Bei dieser Methode kommt ein Schwimmer mit besonders langer Antenne zum Einsatz. Die Tragkraft der Antenne wird mit einem einzigen Blei festgestellt. Dieses Blei wird zwei Fingerbreit über dem Haken befestigt.

Bei Aufnahme des Köders durch den Fisch wird das Blei mit hochgenommen und ent- lastet die Pose. Dadurch steigt die Antenne aus dem Wasser, der Biß wird erkannt.

Die Empfindlichkeit der Montage hängt von folgenden Faktoren ab: Schnur, Pose, Blei, Wirbel und Vorfach. Je dünner die Schnur, je feiner die Pose, um so geringer das auszutarierende Bleigewicht. Feinstes Vorfach und dünndrähtige Haken verringern das Mißtrauen des Fisches beim Aufnehmen des Köders. Als Faustregel ist zu empfehlen: Je größer der Fisch, je schwieriger das Gewässer, um so unempfindlicher ist die Montage zu wählen.

Als problematisch bei feinen Montagen erweist sich die Wurfweite: Je feiner die Montage, um so schwieriger wird es, entsprechend weit zu werfen. Hierbei hilft ein kleiner Trick:

Man befestigt ein oder mehrere Stücke Würfelzucker mit Hilfe des Zauberknotens im Vorfach.

Da jedes Stück Zucker ca. 5 Gramm wiegt, erreicht man selbst bei empfindlichen und wenig bleitragenden Posen große Wurfweiten. Der Zucker löst sich nach Berührung mit Wasser bald auf und fällt aus der Schlinge, die sich rückstandslos aufzieht.

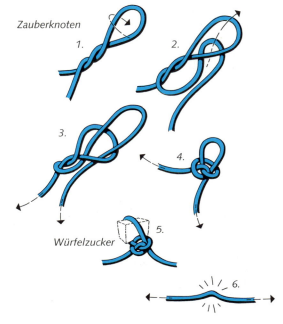

Zauberknoten

Würfelzucker

56

Manchmal ist es notwendig, die Schnur oberhalb der Pose zu behandeln. Bei Windstille z.B. oder nur geringem Wind bzw. geringer Strömung wird die Schnur leicht eingefettet, damit sie auf der Wasseroberfläche schwimmt. Hierfür hat sich Fliegenspray auf Silikonbasis bestens bewährt.

Sollten Wetter und Gewässer diese Präparierung nicht erlauben, entfernt man zuvor schon angebrachtes Silikon mit einem Läppchen, das mit Spülmittel angefeuchtet wurde. Die Schnur geht jetzt sofort unter und bietet dem Wind deutlich weniger Widerstand, der Köder kann genau an einer Stelle angeboten werden. Ein Nachteil dabei ist der schwierige Anschlag durch den Wasserwiderstand.

Der Anhieb richtet sich nach der Größe des Köders. Aus Gründen des fisch- und waidgerechten Verhaltens ist der zu frühe dem zu späten Anhieb vorzuziehen. Als Faustregel gilt: Je kleiner der Köder, um so direkter der Anhieb. Nur bei größerem Köder ist es erlaubt, den Anhieb entsprechend zu verzögern.

Beim Anhieb und Drill muß die Leistung der Rute sowie der verwendeten Schnur beachtet werden. Bei der Landung erreicht man den höchsten Belastungspunkt für Rute und Schnur. Wird eine zu lange Rute mit zu kurzem Kescher genommen, kommt es zum Bruch der Rute.

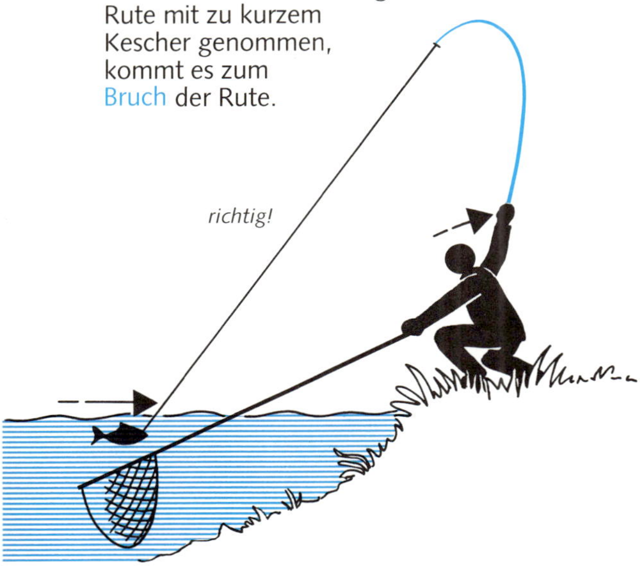

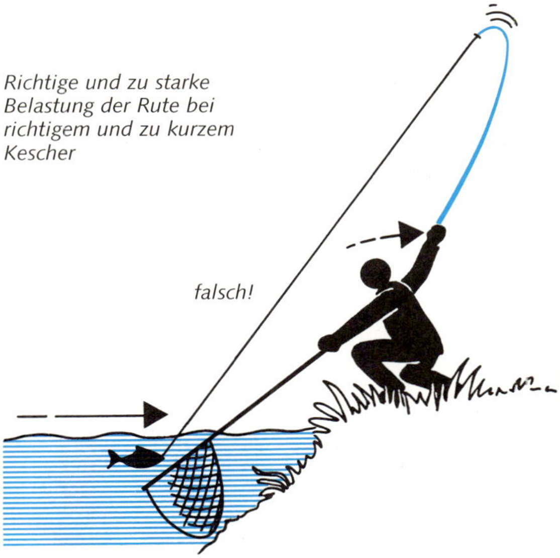

Fischt man regelmäßig am selben Platz, ist es ratsam, die Wassertiefe an der Rute zu markieren. Hierzu wird bei richtig eingestellter Pose der Haken in die Endkappe der Rute eingehakt und die Stellung der Pose bzw. des Stoppers mit Hilfe eines Gummirings am Rutenblank festgelegt.

Ein letzter Tip: Um eine Überalterung der Schnur zu vermeiden und um immer zu wissen, welchen Durchmesser die Schnur hat, schreibt man Schnurstärke und Kaufdatum auf ein Haushaltsetikett und befestigt es im inneren Teil der Spule.

richtig!

Richtige und zu starke Belastung der Rute bei richtigem und zu kurzem Kescher

falsch!

Prüfungs-Aufgabe:
Die Angelausrüstung für das Fischen mit der Grundrute ist richtig zusammengestellt, wenn der Prüfungsteilnehmer wie folgt vorgeht:

a) Rute mit einem Wurfgewicht von 30 gr. - 80 gr. und einer Länge von 240 cm - 550 cm
b) Mittlere Stationärrolle mit mindestens 0,35 mm ⌀ monofiler Schnur
c) Laufblei mit einem Gewicht von ca. 20 gr. - 60 gr.
d) Stopper (Posengummi) + Glas- oder Plastikperle
e) Mittlerer Wirbel
f) Haken der Größe 2 - 8 mit schwächerem Vorfach als die Hauptschnur
g) Unterfangkescher
h) Meßgerät
i) Betäubungsgerät
j) Messer
k) Hakenlöser oder Hakenlösezange

Montageanleitung

1. Die mittlere Stationärrolle wird an der Rute montiert.
2. Den einwandfreien Sitz und sicheren Halt der Rolle an der Rute prüfen.
3. Den Schnurfangbügel der Rolle öffnen.
4. Von der Rolle ausgehend, die Schnur durch sämtliche Schnurlaufringe der Rute ziehen.
5. Laufblei auf die Hauptschnur schieben – auf reibungslosen Lauf achten.
6. Perle auffädeln.
7. Stopper montieren.
8. Den mittleren Wirbel mit Hilfe eines halben, gekonterten Blutknotens befestigen.
9. Knoten auf richtigen Sitz und durch Zugprobe prüfen.
10. Stopper vor den Knoten schieben.
11. Vorfach mit Haken der Größe 2 bis 8 in den offenen Karabiner des Wirbels einhängen.
12. Karabiner des Wirbels schließen.
13. Die Stärke des Vorfaches darf auf keinen Fall die der Hauptschnur übertreffen.
14. Die Knoten des Vorfaches durch Zugprobe prüfen.
15. Schnurfangbügel der Rolle schließen.
16. Bremse der Stationärrolle einstellen.
17. Folgendes Zubehör beifügen:
    a) Unterfangkescher
    b) Meßgerät
    c) Betäubungsgerät
    d) Messer
    e) Hakenlöser oder Hakenlösezange
18. Fangbereites Gerät dem Prüfer zur Inspektion vorlegen.

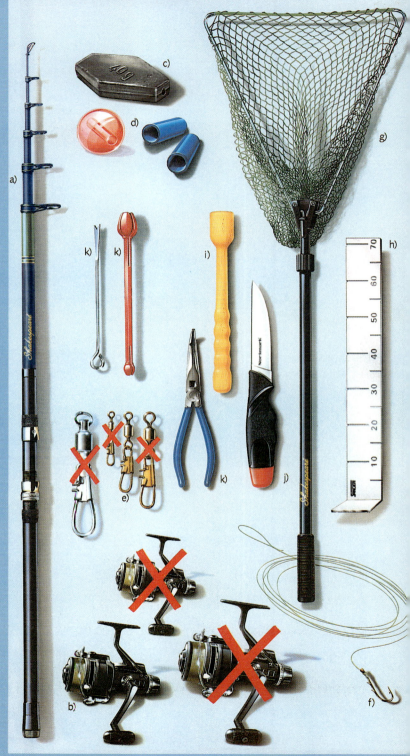

Die Grundrute

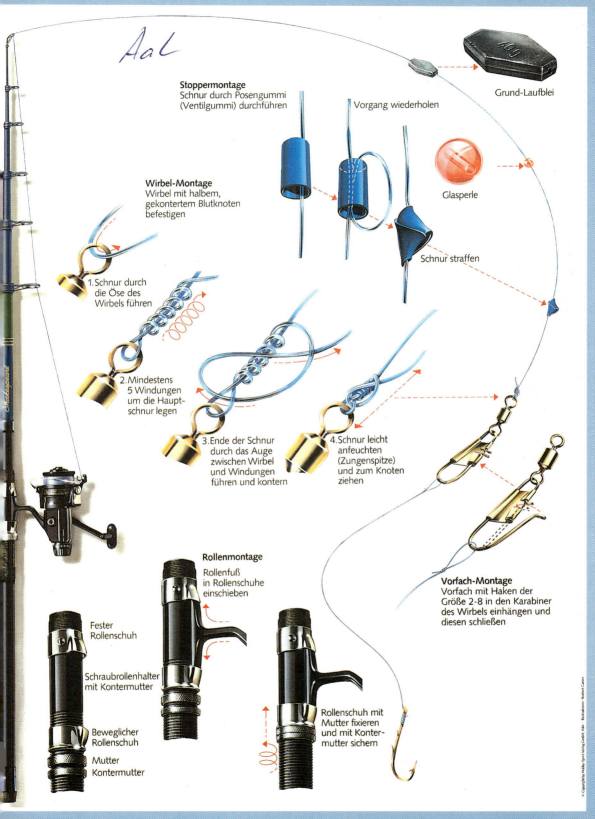

Das Fischen mit der Grundrute

Grundfischen besagt, daß der Köder auf Grund oder knapp darüber angeboten wird. Diese Fischereimethode erlaubt das Befischen von nahezu jeder Fischart.

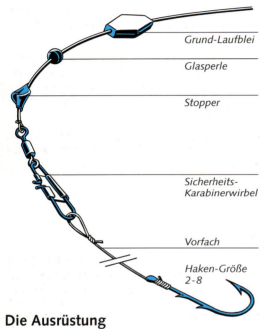

Grund-Laufblei

Glasperle

Stopper

Sicherheits-Karabinerwirbel

Vorfach

Haken-Größe 2-8

Die Ausrüstung

Das Gerät richtet sich nach der Beschaffenheit des Gewässers und dem zu beangelnden Fisch; aber auch danach, ob man vom Boot oder Ufer aus angelt. Eine Empfehlung für das Wurfgewicht und die Länge der Rute kann deshalb nicht gegeben werden.

Die Grundrute sollte eine halbparabolische bis parabolische Aktion haben. Sie erlaubt es, auch weichere Köder (wie Kartoffeln) ohne Gefahr des Ausschlitzens weit zu werfen.

Wer die Rute beim Angeln ständig in der Hand hält, sollte einem Korkgriff den Vorzug geben.
Die Rolle darf nicht zu leicht sein, erlebt man doch beim Fischen auf Grund immer wieder angenehme Überraschungen.

Die Schnurstärke wird auf das Gerät abgestimmt.

Für die Grundangelei gibt es eine Vielzahl von Bleien und anderen Wurfgewichten (siehe auch Kapitel Bleie).

Eine Spezialität ist das Tiroler Hölzchen. Dieses Wurfgewicht wird in Alpenländern beim Fischen in stark fließenden Gewässern benutzt, findet aber auch im Flachland und beim Fischen in stehenden Gewässern immer mehr Freunde.

In fließenden Gewässern und beim Fischen mit natürlichem Köder verhindert das Tiroler Hölzchen, daß der Köder (z.B. der Wurm) von der Strömung zwischen Steine oder Wasserpflanzen gedrückt und für den Fisch unauffindbar wird.

Auch beim Fischen mit der Nymphe wird das Tiroler Hölzchen eingesetzt. Dabei werden so schwere Gewichte verwandt, daß sich der beißende Fisch meist selber hakt.

In stehenden Gewässern garantiert das Tiroler Hölzchen, daß der Köder nicht zu leicht im Schlamm versinkt und die Schnur reibungslos ablaufen kann.

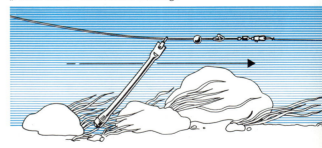

„Tiroler Hölzl"- Fließwasser-Montage

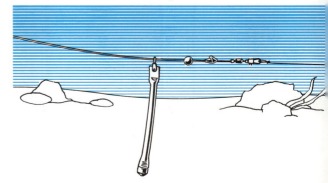

„Tiroler Hölzl"- Stillwasser-Montage

Ein weiteres interessantes Wurfgewicht ist das Bleischrotband. Besonders bei zerklüftetem Grund, bei dem es immer wieder zum Verhängen des Bleies kommt, zeigt es seine Vorzüge.

Wenn sich beim Bleischrotband eine oder mehrere Kugeln verhängen, werden diese von der haltenden Schnur herabgezogen, und Hauptschnur, Wirbel und Haken sind wieder frei.

Bleischrotband

Beim Grundfischen kann der Köder wegen des größeren Wurfgewichtes bedeutend weiter als bei anderen Fischereimethoden ausgeworfen werden. Man kann also eine bedeutend größere Fläche befischen.

Auch kann der Köder an der einmal gewählten Stelle dauerhaft angeboten werden, da ein Verdriften der Schnur infolge Wind oder Strömung durch entsprechend schwere Bleie verhindert wird.

Diese Bleie wiederum können so angebracht werden, daß der Fisch beim Aufnehmen des Köders keinen Widerstand spürt.

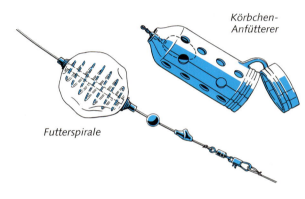

Körbchen-Anfütterer

Futterspirale

Aus Großbritannien kommt das immer beliebter werdende Fischen mit dem Anfütterer.
Dieser Anfütterer ist gleichzeitig das Wurfgewicht.

Es gibt den Körbchen-Anfütterer, der mit lebendigen Ködern gefüllt wird, und den Spiral-Anfütterer, um den Futterteig geknetet wird.

Spezielle Haken zum Grundangeln gibt es nicht. Hakenart und -größe richten sich immer nach der zu beangelnden Fischart. Das trifft auch auf die Wirbel zu.

Die Köder

Beim Fischen mit der Grundrute kann nahezu jeder Köder eingesetzt werden, angefangen von der Made für das Rotauge bis hin zum großen, toten Köderfisch für den Wels oder Hecht.

Das Fischen

Bei der Stippangelei wird der Biß durch das Ab- und Auftauchen der Pose erkannt. Bei der Grundfischerei dagegen wird der Biß am sichersten mit dem Finger an der Schnur erfühlt. Das Gefühl der Fingerkuppe ist meist so groß, daß jeder noch so leichte Zupfer am Köder zu spüren ist.

Bei dieser Methode kann die Rute jedoch nicht aus der Hand gelegt werden, auch ist der Einsatz einer zweiten Rute nicht möglich.

Auch ein Streifen Silberpapier kann als Bißanzeiger benutzt werden.

Die Rute wird auf einem oder zwei Rutenständern abgelegt, und die Schnur zwischen Rolle und Führungsring wird so weit herabgezogen, bis die Schnur auf Spannung ist.

Danach wird das Silberpapier um die Schnur gelegt. Das Gewicht des Silberpapiers reicht in den meisten Fällen aus, um die Schnur unten zu halten.

Wenn der Fisch den Köder nimmt und mit der Schnur abzieht, ruckt der Silberpapierstreifen nach oben, der Biß ist deutlich zu erkennen.

Das Fischen mit der Grundrute

Bißanzeiger werden von der Industrie angeboten. Bei ihnen kann der Abzugswiderstand eingestellt werden. Mit diesen Bißanzeigern ist auch das Fischen in Fließgewässern möglich.

Darüber hinaus gibt es elektrische und elektronische Bißanzeiger, die zum Teil mit Ton- und Lichtsignal ausgestattet sind.

Da Bißanzeiger jeden Biß sofort erkennen lassen, kann man mit zwei oder drei Ruten fischen.

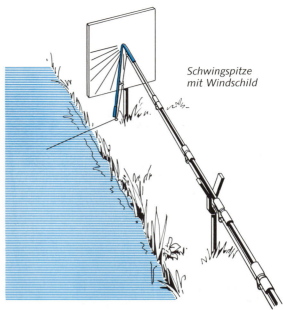

Schwingspitze mit Windschild

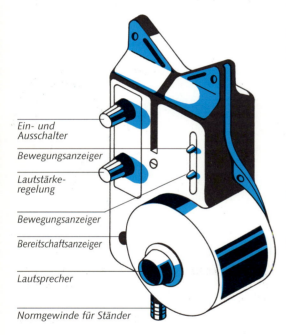

- Ein- und Ausschalter
- Bewegungsanzeiger
- Lautstärkeregelung
- Bewegungsanzeiger
- Bereitschaftsanzeiger
- Lautsprecher
- Normgewinde für Ständer

Schwingspitzen gibt es in verschiedenen Längen und Gewichten; für jede zu beangelnde Fischart ist die richtige Spitze zu bekommen. Je leichter die Kombination Rute, Rolle, Schnur und Wurfgewicht ist, um so dünner und leichter kann die Schwingspitze sein.

Beim Überkopfwurf sollte man die Rute leicht verkanten, damit sich die Schwingspitze nicht um die Rutenspitze wickeln kann.

Nach dem Wurf wird die Rute auf zwei Rutenhaltern abgelegt. Die Halter werden so

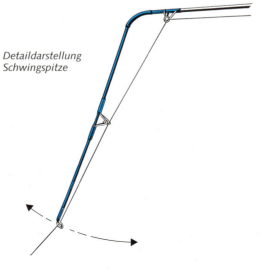

Detaildarstellung Schwingspitze

Ein besonderer Bißanzeiger kommt aus Großbritannien: der Winkelpicker und die Schwingspitze.

Um mit der Schwingspitze fischen zu können, muß der Endring der Rute durch einen Schwingspitzenendring ersetzt werden. Das Abziehen des alten Ringes ist einfach, wenn man ihn vorher erhitzt. Der neue Ring wird mit einem Spezialkleber aus dem Fachgeschäft befestigt.

eingestellt, daß die Schwingspitze nur wenige cm über der Wasseroberfläche hängt. Danach wird die Schnur mit der Rolle stramm gezogen, bis die Schwingspitze Kontakt mit dem Köder hat und sich leicht anhebt.

Wenn ein Fisch beißt, wird jede auch nur geringfügige Bewegung der Schnur auf die Schwingspitze übertragen.

Ein Hilfsmittel beim Fischen mit diesen Bißanzeigerspitzen ist ein Windschild, mit dem gleichzeitig der Biß noch exakter erkannt wird.

Für das Angeln in Fließgewässern ist die Schwingspitze nicht geeignet. Für diesen Fall wird der Winkelpicker benutzt. Diese Spitzen biegen sich unter dem Druck der Strömung bis zu einem gewissen Grad, haben aber immer noch genügend Reserven, um feine Bisse erkennen zu lassen.

Bei einem längeren Vorfach wird der Biß nicht erkannt, wenn der Fisch mit dem Köder auf die Rute zuschwimmt.

Häufig erlebt der Angler, daß der Fisch mit dem Köder nur spielt. Der Fisch spürt beim Aufnehmen des Köders das Vorfach an seinen empfindlichen Lippen und spuckt den Köder immer wieder aus.

In diesem Fall ist wahrscheinlich das Vorfach zu stark und muß durch ein entsprechend feineres ausgetauscht werden. Das jedoch würde nicht der Fischereigerechtigkeit entsprechen.

Quiverspitze

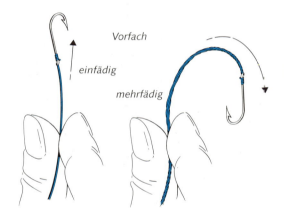

Eine gute Lösung ist, den Haken nicht an ein, sondern an vier oder fünf dünne Vorfächer gleichzeitig zu binden.

Zum Fang der Raubfische benutzt man das bewährte Stahlvorfach.

Der empfindlichste Bißanzeiger nutzt jedoch nichts, wenn nicht die Verbindung vom Köder zum Anzeiger ständig in Spannung steht. Sofort nach dem Auswerfen wird deshalb die Schnur soweit eingeholt, bis Fühlung zum Wurfgewicht entsteht. Erst dann kommt der Bißanzeiger zum Einsatz.

Eine wichtige Rolle beim Grundfischen spielt das Vorfach.

In Fließgewässern sind Vorfächer von 60 cm oder länger von Vorteil, da dann der Köder nicht so leicht von der Strömung in den weichen Grund gedrückt wird.

In stehenden Gewässern kommen Vorfächer zum Einsatz, die nicht über 50 cm lang sind.

Die Raubfischrute

Prüfungs-Aufgabe:
Die Angelausrüstung für das Fischen mit der Raubfischrute ist richtig zusammengestellt, wenn der Prüfungsteilnehmer wie folgt vorgeht:
a) Rute mit einem Wurfgewicht von 60 gr.-120 gr. und einer Länge von 250 cm - 500 cm
b) Große Stationärrolle mit mindestens 0,45 mm ⌀ monofiler Schnur
c) Zwei Stopper
d) Glas- oder Plastikperle
e) Laufpose mit einer Tragkraft von 20 gr.-50 gr.
f) Laufblei entsprechend der Tragkraft der unter e) erwähnten Pose
g) Großer Wirbel
h) Stahlvorfach von mindestens 45 cm Länge mit einer Schlaufe und einem Drilling oder Haken von ausreichender Größe
i) Unterfangkescher/Gaff
j) Meßgerät
k) Betäubungsgerät
l) Messer
m) Rachensperre
n) Hakenlösezange

Montageanleitung
1. Die große Stationärrolle wird an der Rute montiert.
2. Den einwandfreien Sitz und sicheren Halt der Rolle an der Rute prüfen.
3. Den Schnurfangbügel der Rolle öffnen.
4. Von der Rolle ausgehend, die Schnur durch sämtliche Ringe der Rute ziehen.
5. Der erste Stopper wird montiert.
6. Die Perle wird aufgefädelt.
7. Die Laufpose mit einer Tragkraft zwischen 20 gr. und 50 gr. wird aufgeschoben.
8. Das Laufblei, welches zum Austarieren der Pose reicht, auf die Hauptschnur fädeln.
9. Den zweiten Stopper montieren.
10. Großen Wirbel mit halbem, gekontertem Blutknoten an der Hauptschnur befestigen.
11. Sitz des Knotens und Festigkeit durch Zugprobe prüfen.
12. Zweiten Stopper (siehe Punkt 10) bis zu dem halben Blutknoten des Wirbels schieben.
13. Mindestens ein 45 cm langes Stahlvorfach mit Schlaufe und Haken in den offenen Karabiner des Wirbels einhängen.
14. Karabiner des Wirbels schließen.
15. Die Stärke des Stahlvorfaches muß unter der Stärke der Hauptschnur liegen.
16. Befestigungsteile des Stahlvorfaches durch Zugprobe prüfen.
17. Schnurfangbügel der Rolle schließen.
18. Bremse der Stationärrolle einstellen.
19. Folgendes Zubehör beifügen:
    a) Unterfangkescher/Gaff
    b) Meßgerät
    c) Betäubungsgerät
    d) Messer
    e) Hakenlösezange
    f) Rachensperre
20. Fangbereites Gerät dem Prüfer zur Inspektion vorlegen.

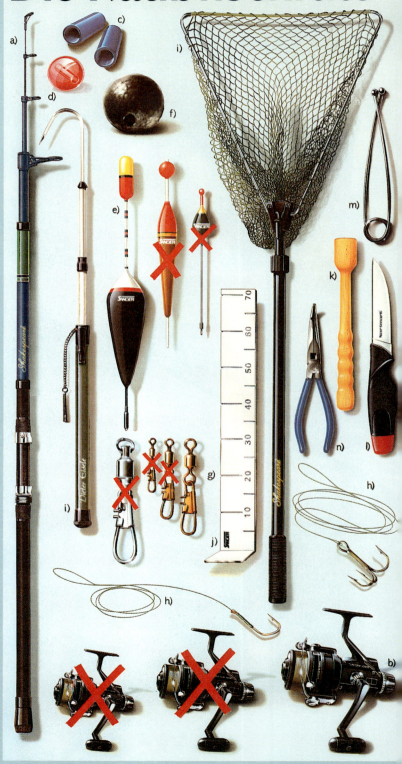

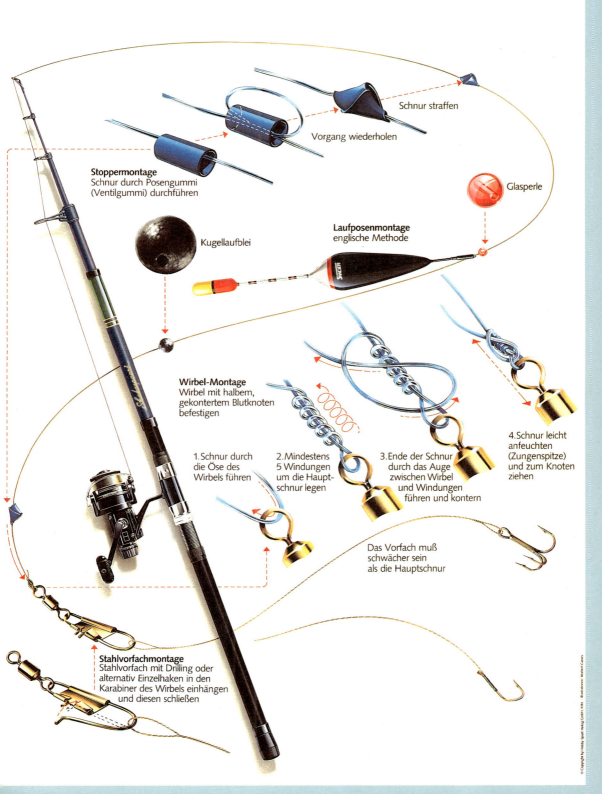

Das Fischen mit der Raubfischrute

Große Raubfische belasten unsere Gewässer. Aufgenommenes Futter setzen sie kaum noch in Eigengewicht um.

Der Hecht z.B. verwertet das Futter in den ersten Lebensjahren enorm gut. Drei Pfund Futterfisch setzt er zu einem Pfund Eigengewicht um. Doch dieses Verhältnis von 3:1 gilt nicht mehr, wenn der Hecht 14 bis 15 Pfund schwer geworden ist. Bei kapitalen Hechten verschlechtert sich das Verhältnis zwischen Futter und Gewichtszunahme auf 50:1.

Dieser starken Belastung der Fischbestände in unseren Gewässern muß mit hegerischen Maßnahmen entgegengewirkt werden. Der Standplatz des Raubfisches wird gezielt beangelt.

Die Ausrüstung

Die Raubfischrute ist mindestens 2,70 m lang, da es oft notwendig ist, den Anhieb auf große Distanz zu setzen. Eine gleichmäßig starke parabolische Aktion ermüdet den kapitalen Räuber im Drill schneller. Gute Wurf-, Anschlag- und Drilleigenschaften werden am besten von der Kohlefaserrute garantiert. Sie ist der Glasfaserrute vorzuziehen.

Die Rute muß – aufgrund der schweren Köder – ein Wurfgewicht von bis zu 100 Gramm aufweisen.
Die Schnur soll einen Durchmesser von mindestens 0,40 mm haben, die Rolle wenigstens 175 m Schnur fassen. Diese Schnurlänge ist notwendig, weil der Raubfisch den erfaßten Köder oft noch einige Zeit schleppt, bevor er ihn schluckt.

Zur Ausrüstung gehört neben dem Maßband, dem Betäubungsgerät, dem Messer und der Hakenlösezange eine große, stabile Landungshilfe wie ein geräumiger Unterfangkescher oder ein handliches Gaff.

Rachensperre (halb geöffnet)

Ein absolutes Muß für das Entfernen des Hakens ist die Rachensperre. Die Schon-Rachensperre verletzt den Fisch kaum. Die Winkelsperre der Rachensperre wird entsprechend der Größe des gefangenen Fisches eingestellt.

Die Köder

Hat sich der Kunstköder als erfolglos erwiesen, wird mit einem toten oder lebendigen Köderfisch gefangen.

Nur bei absolut hegerischen Maßnahmen darf der lebendige Fisch als Köderfisch verwandt werden. Alles andere ist mit dem Tierschutzgesetz nicht zu vereinbaren. Das Angeln mit dem lebenden Köderfisch muß bei der Fischereibehörde beantragt und von dieser genehmigt werden.

Als Fischart wählt man die im Gewässer am häufigsten vorkommenden Fische wie Rotauge, Rotfeder oder Döbel. Raubfische sind auf die in ihren Gewässern vorkommenden Futtertiere „genormt". Neben dem lebendigen Fisch wird der tote Fisch oder werden Fischfetzen als Köder eingesetzt. Der Köder darf nicht zu klein sein. Ein Rotauge z.B. von 20 cm Länge hat die richtige Größe. Viele Angler verwenden zu kleine Köder.

Das Fischen

Um so fischgerecht wie möglich zu handeln, wird die Einzelhakenmontage und Nasenköderung angewandt.

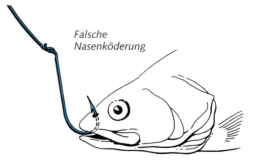

Falsche Nasenköderung

Falsch ist es, den Haken vom Maul her zu montieren. Dies führt sehr häufig zum Fehlbiß, da beim Herunterschlingen des Köders der Haken weiter in den Köder getrieben wird und der vom Angler gesetzte Anhieb nur den Köder trifft.

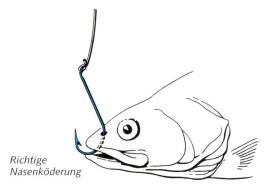

Richtige Nasenköderung

Richtig ist es, den Haken über das Nasenloch in den Rachenraum und durch das Maul hinaus zu schieben. Fehlbisse werden hierbei vermieden.

Vor dem Wurf wird die Bremse auf „weich" gestellt, da sich nach dem Auswerfen das Drehmoment durch die Verringerung der aufgespulten Schnur erhöht und die Bremse eine höhere Leistung erzielt.

Wenn man z.B. bei voller Spule (180 m, 0,40er Schnur) die Bremse auf die Hälfte der Tragkraft der Schnur einstellt und der Köder beim Anschlag 90 m (also die Hälfte des Schnurvorrates) entfernt ist, hat sich durch den verminderten Schnurvorrat auf der Spule die Bremskraft verdoppelt. Bei einer heftigen Flucht wird die Schnur überlastet und reißt.

Mit einem lebenden Köderfisch werden keine Weitwürfe gemacht. Der Fisch wird vorsichtig ins Wasser gelassen. Man wählt dafür eine Stelle, von der man durch langes Beobachten weiß, daß hier ein Raubfisch seinen Standplatz hat.

Auch mit einem toten Köderfisch hat man Erfolg. Er wird als Stellfisch (also auf der Stelle) angeboten oder als toter Spinnköder mit verschiedenen Systemen.

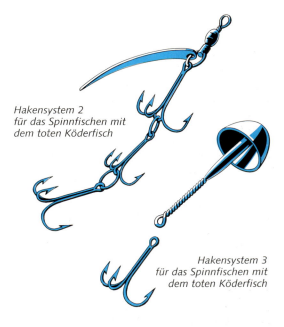

Hakensystem 2 für das Spinnfischen mit dem toten Köderfisch

Hakensystem 3 für das Spinnfischen mit dem toten Köderfisch

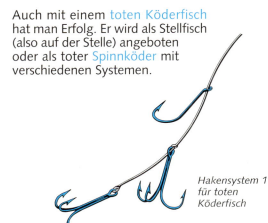

Hakensystem 1 für toten Köderfisch

Wichtig ist ein langes Stahlvorfach bis 1 m Länge. Der Grund dafür ist einleuchtend:

Der Magensack befindet sich in der Mitte des Fisches. Verschluckt ein 1,20 m großer Raubfisch den angebotenen Köder, hat er gleichzeitig 60 cm Stahlvorfach mitgeschluckt. Bei einem zu kurzen Vorfach kommen die Raubfischzähne an die monofile Hauptschnur.

Bei einem zu kurzen Vorfach würde außerdem das Laufblei an die Flanken des Fisches schlagen und der Raubfisch den genommenen Köder wieder ausspucken.

Der Anbiß eines Raubfisches wird unmittelbar mit einem Anschlag quittiert. Zu warten, bis der Fisch den Köder auch tatsächlich geschluckt hat, ist weder notwendig noch entspricht das einer waidgerechten Einstellung.

Ein verzögerter Anschlag ist nur bei Köderfischen von über 20 cm Länge gerechtfertigt.

Da der Umgang mit der Raubfischrute eine der schwierigsten Fischereimethoden darstellt, ist es ratsam, bei der ersten Fischwaid einen erfahrenen Kollegen als Ratgeber zur Seite zu haben.

Die Fliegenrute

Prüfungs-Aufgabe:
Die Angelausrüstung für das Fischen mit der Fliegenrute ist richtig zusammengestellt, wenn der Prüfungsteilnehmer wie folgt vorgeht:

a) Eine Fliegenrute von 180 cm-270 cm, erkennbar an dem sich am untersten Ende der Rute befindlichen Rollenhalter
b) Eine Fliegenrolle mit Fliegenschnur
c) Fliegenvorfach
d) Naß-, Trockenfliegen, Nymphe oder Streamer
e) Unterfangkescher/Watkescher
f) Meßgerät
g) Betäubungsgerät
h) Messer
i) Hakenlösezange

Montageanleitung

1. Die Fliegenrolle wird an der Fliegenrute befestigt und auf sicheren Halt und richtigen Sitz geprüft.
2. Die Fliegenschnur wird über den Leitsteg der Fliegenrolle durch sämtliche Schnurlaufringe der Rute geführt.
3. Am Ende der Fliegenschnur wird das dicke Ende des Fliegenvorfaches befestigt. Dazu wird zuerst in das dicke Ende des Fliegenvorfaches eine Schlaufe gebunden. Durch diese Schlaufe wird das Ende der Fliegenschnur in einem halben Stich geführt. Danach wird die Verbindung so stark belastet, daß das harte Monofilament sich in die weiche Außenhaut der Fliegenschnur einschneidet.
4. An das freie, dünne Ende des Fliegenvorfaches wird der Kunstköder mit einem halben, gekonterten Blutknoten befestigt.
5. Dieser Knoten wird auf seinen Halt durch Zugprobe geprüft.
6. Folgendes Zubehör muß beigefügt werden:

a) Unterfangkescher/Watkescher
b) Meßgerät
c) Betäubungsgerät
d) Messer
e) Hakenlösezange

7. Fangbereites Gerät dem Prüfer zur Inspektion vorlegen.

Das Fischen mit der Fliegenrute

För viele ist die Krönung des Angelns das Fischen mit der Fliegenrute.

Ein Fliegenfischer legt während eines Fischtages mehrere Kilometer watend zurück, er bewegt durch das immer wiederkehrende Auswerfen der Schnur und des Köders mehrere hundert Kilo am Tag.

Erst nach langem ausdauerndem Üben erlangt man die Fertigkeit, die künstliche Fliege sauber zu werfen und anzubieten.

Die Fliegenfischerei zeichnet sich durch größte Waid- und Fischgerechtigkeit aus. Zum einen wird nur mit Einzelhaken geangelt (engagierte Fliegenfischer benutzen ihn ohne Widerhaken), zum anderen ist das gezielte Befischen eines ausgemachten Fisches möglich.

Weil nahezu alle unsere Fische Wasserinsekten als Nahrung annehmen, können fast alle Fischarten mit der Fliegenrute geangelt werden.

Mit der Fliege als Köder werden Äsche, Regenbogenforelle, Bachforelle und Saibling geangelt, mit der Nymphe auch die Mitglieder der Karpfenfamilie und mit dem Streamer Hecht, Barsch und Zander.

Die Ausrüstung

Für die Fliegenfischerei wird eine spezielle Ausrüstung benötigt.

Die Rute mit ihrem unter dem Handteil liegenden Rollenhalter und der großen Anzahl an Ringen ist nur für diese Fischereimethode geeignet. Das gilt auch für die Rolle und für die Schnur.

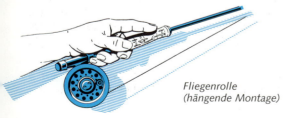

Fliegenrolle (hängende Montage)

Rute, Rolle und Schnur für die Fliegenfischerei werden im ersten Teil des Buches ausführlich beschrieben.

Ein wichtiger Teil der Ausrüstung ist das Fliegenvorfach (siehe auch Kapitel Vorfächer).

Das Fliegenvorfach hat eine Länge von zwei bis drei Metern. Drei Ausführungen stehen zur Auswahl.

Bei der Standardversion verjüngt sich das Vorfach knotenlos zur Spitze hin.

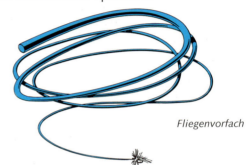

Fliegenvorfach

Beim geknüpften Vorfach werden ca. 30-40 cm lange monofile Schnurstücke mit einem doppelten Blutknoten aneinandergeknüpft. Das angeknüpfte Stück ist um jeweils 0,05 mm Durchmesser dünner als das vorherige.

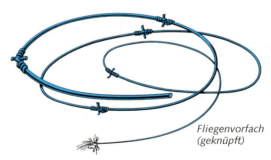

Fliegenvorfach (geknüpft)

Ein Nachteil:
Die Verbindungsknoten des Vorfaches werden von Äschen oft für kleine Fliegen gehalten, und es kommt zu Fehlbissen.

Das geknüpfte Vorfach ist einfach herzustellen, man kann die Vorfachspitze schnell durch ein stärkeres oder schwächeres Material auswechseln.

Die dritte Ausführung ist das geflochtene Vorfach. Es ist nur noch an der Spitze einfädig, aufgrund der Flechtenkonstruktion bleibt der

70

gefürchtete „Telefondraht-Effekt" aus. Das Vorfach streckt sich fast vollkommen und erlaubt sauberstes Anbieten des Köders.

Zur Ausrüstung gehört weiter die Fliegenfischerweste mit ihren vielen aufgesetzten Taschen, in denen alles Notwendige verstaut werden kann.

Fliegenfischerweste

Watstiefel bzw. Wathose sind notwendig, um das Gewässer bis Oberschenkelhöhe bzw. bis Bauchhöhe zu begehen.

Wathose *Watstiefel*

Notwendig ist auch ein Hut. Er verhindert unter anderem, daß man sich beim Werfen selber hakt.

Für die Fliegenfischerei gibt es viel nützliches Zubehör. Dazu zählen u.a. ein Silikonspray, mit dem man Trockenfliegen schnell wieder schwimmfähig macht, verschiedene Fliegendosen und ein Vorfachetui zum sauberen Aufbewahren der empfindlichen Vorfächer.

Bei der Auswahl seiner Zange sollte der Fliegenfischer darauf achten, daß sie weder geriffelt noch gezahnt ist, da sonst die Fliege beim Lösen des Hakens zerstört wird.

Die Köder

Beim Fliegenfischen werden 5 verschiedene künstliche Köder verwandt:

1. Die Trockenfliege.

Mit ihr wird ein Insekt nachgeahmt, das sich auf der Wasseroberfläche niedergelassen hat, um seine Eier abzusetzen.

Trockenfliege

Ein typisches Merkmal der Trockenfliege sind die im 90 Grad Winkel zum Hakenschenkel abstehenden Hechelspitzen einer Hahnenfeder. Ob die Fliege geflügelt oder ungeflügelt ist, hat keine Bedeutung.

2. Die Naßfliege.

Mit ihr wird die nach der Eiablage sterbende oder tote Fliege vorgetäuscht.

Naßfliege

Als Hecheln nimmt man nicht die vom Hahn, sondern die bedeutend weicheren vom Huhn. Auch zeigen sie immer schräg nach hinten zum Hakenbogen. Wenn Flügel eingebunden sind, liegen sie immer zusammen.

Trocken- und Naßfliege werden auf der Wasseroberfläche angeboten und nach dem Abtreiben neu ausgeworfen.

3. Die Nymphe.

Mit ihr werden Larven von Fliegen oder verschiedenen Wasserinsekten imitiert.

Nymphe

Beim Trocken- und Naßfliegenfischen wird der Biß durch einen Wasserschwall erkannt. Da Nymphen unter Wasser angeboten werden, erkennt man den Biß nur durch ein leichtes Zucken in der Fliegenschnurspitze.

Nymphen wirken nach dem Absinken durch ruckartiges zupfendes Aufnehmen der Schnur lebendig.

Eine Nymphe erkennt man am verdickten vorderen Körperteil, das, wie in einem kleinen Rucksack, die zusammengefalteten Flügel der zukünftigen Fliege beherbergt.

Das Fischen mit der Fliegenrute

4. Der Streamer.

Mit ihm wird ein kleiner Beutefisch imitiert.

Mit dem Streamer werden große Salmoniden und andere Raubfische gefangen. Er wirkt, wie die Nymphe, durch ungleichmäßiges Einholen der Schnur lebendig.

5. Die Lachsfliege.

Da Lachse während ihrer Laichwanderung im Süßwasser so gut wie keine Nahrung zu sich nehmen, muß man sie mit der prachtvoll gefärbten Lachsfliege zum Anbiß verleiten.

Viele Fliegenfischer binden sich ihre künstlichen Fliegen selber. Die Zeichnungen zeigen, wie einfach das ist. Auch gibt es über das Fliegenbinden zahlreiche Literatur.

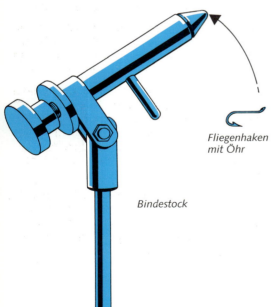

Bindestock

Fliegenhaken mit Öhr

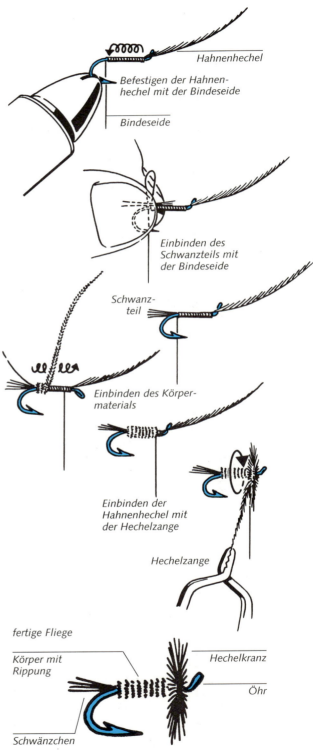

Hahnenhechel

Befestigen der Hahnenhechel mit der Bindeseide

Bindeseide

Einbinden des Schwanzteils mit der Bindeseide

Schwanzteil

Einbinden des Körpermaterials

Einbinden der Hahnenhechel mit der Hechelzange

Hechelzange

fertige Fliege

Körper mit Rippung

Hechelkranz

Öhr

Schwänzchen

Das Fischen

Keine Fischereimethode ist so interessant, bei keiner wird so gezielt gefischt wie beim Fliegenfischen.

Es ist wichtig, vor dem ersten Wurf die richtige Stelle ausfindig zu machen. Am besten, man stellt sich an eine weit einsehbare Strecke des Gewässers und wartet, bis sich ein Fisch durch Aufsteigen verrät. Beim Aufsteigen und Aufnehmen einer Fliege entsteht ein Kreis auf der Wasseroberfläche.

Jetzt sollte man herausfinden, ob es sich hier nur um einen Zufall handelt oder um den Standplatz eines Fisches. Ist es ein Standplatz, versucht man herauszufinden, welche Art von Fliege der Fisch aufnimmt. Man beobachtet die Wasseroberfläche, wo sich Fliegen zur Eiablage niederlassen oder tote Fliegen im Wasserfilm vorbeitreiben.

Nachdem man weiß, welche Größe und Farbe die bevorzugte Beute hat, wählt man eine entsprechende Imitation aus der Fliegendose.

Dieser Köder wird dann durch einen geschickten Wurf sauber vorgesetzt.

Der Fisch steht immer mit dem Kopf zur Strömung; er erkennt, was auf ihn zutreibt. Deshalb ist ein Anwerfen von der Quellrichtung des Gewässers wenig sinnvoll. Der Fisch würde den Angler sehen und die Nahrungsaufnahme einstellen. Deshalb beangelt man den Fisch von hinten. Wenn man jedoch den Fisch mit dem Köder zu weit überwirft, also Fliegenschnur und Vorfach über ihn hinwegtreiben, flieht er.

Es muß auch darauf geachtet werden, daß zwischen dem zu angelnden Fisch und dem Angler nicht noch andere Fische stehen. Sie würden beim Überwerfen sofort flüchten und damit das ganze Gebiet beunruhigen.

Wenn der Fisch den Köder aufnimmt, wird der Anhieb gesetzt. Dies geschieht nicht zu heftig, da sonst das Vorfach reißt. Die Kraft, die zum Abheben der Fliegenschnur aus dem Wasser reicht, genügt auch für einen Anhieb.

Das Abbremsen und Ausdrillen des Fisches erfolgt über die Finger.

Damit sich der Fisch nicht freischlagen kann, sollte in der Drillphase die Schnur nicht auf die Rolle aufgewickelt werden. Die Kurbelbewegung überträgt sich als Wippen auf Rute und Schnur.

Erst wenn der Fisch erschöpft ist, wird er gelandet. Sonst kann durch einen letzten Fluchtversuch das feine Vorfach brechen.

Ist der Fisch unterhalb seines Schonmaßes oder innerhalb seiner Artenschutzzeit, wird er waidgerecht vom Haken gelöst, nach Möglichkeit ohne den Fisch zu berühren. Die Fliege wird mit der Zange gepackt und vorsichtig gelöst. Das ist besonders einfach, wenn der Haken keine Widerhaken hat. Geübte Fliegenfischer machen das mit der Hand, ohne den Fisch aus dem Wasser zu nehmen.

Wer einen der Großen erwischt, sollte ihn sorgfältig versorgen. Besonders in der warmen Jahreszeit zersetzt sich das schmackhafte Fleisch unserer Fische schnell.

Der Fisch wird nach dem Fang sofort betäubt und getötet. Erst danach wird der Haken entfernt und der Fisch ausgewaidet.

Die Leibeshöhle wird auf keinen Fall mit Wasser gesäubert, da sich das Fleisch durch Feuchtigkeit schnell zersetzt. Besser nimmt man Gras oder große Blätter, z.B. vom Wegerich.

Der ausgewaidete Fisch wird in einem luftigen Rohrkörbchen aufbewahrt oder in einem Behälter, in dem sich 2-3 Kühlelemente befinden! Wenn man einige unserer einheimischen Gewürzblätter (z.B. Wegerich) dazulegt, bekommt der Fisch einen feinen Kräutergeschmack.

Sportfischer, die einmal mit der Fliegenrute gefischt und gefangen haben, werden von dieser Fischereimethode nicht mehr loskommen. Sie werden der Fliegenfischerei immer wieder den Vorzug geben.

Die leichte Spinnrute

Prüfungs-Aufgabe:
Die Angelausrüstung für das Fischen mit der leichten Spinnrute ist richtig zusammengestellt, wenn der Prüfungsteilnehmer wie folgt vorgeht:

a) Eine Rute zwischen 160 cm und 210 cm Länge mit einem max. Wurfgewicht von 20 gr.
b) Eine kleine Stationärrolle mit 0,25 mm ⌀ monofiler Schnur
c) Einen kleinen Wirbel
d) Einen kleinen Spinner, Blinker, Wobbler oder ähnliches
e) Unterfangkescher
f) Meßgerät
g) Betäubungsgerät
h) Messer
i) Hakenlösezange

Montageanleitung

1. Die kleine Stationärrolle wird an der Rute montiert.
2. Den einwandfreien Sitz und Halt der Rolle an der Rute prüfen.
3. Den Schnurfangbügel der Rolle öffnen.
4. Von der Rolle ausgehend, die Schnur durch sämtliche Schnurlaufringe der Rute ziehen.
5. Der kleine Wirbel wird mit einem halben, gekonterten Blutknoten am Ende der Schnur befestigt.
6. Der Knoten wird durch Zugprobe geprüft.
7. In den Karabinerteil des Wirbels wird der Kunstköder eingehängt. Der Karabiner wird geschlossen.
8. Schnurfangbügel der Rolle schließen.
9. Die Bremse der Stationärrolle wird justiert.
10. Folgendes Zubehör muß beigefügt werden:

    a) Unterfangkescher
    b) Meßgerät
    c) Betäubungsgerät
    d) Messer
    e) Hakenlösezange

11. Fangbereites Gerät dem Prüfer zur Inspektion vorlegen.

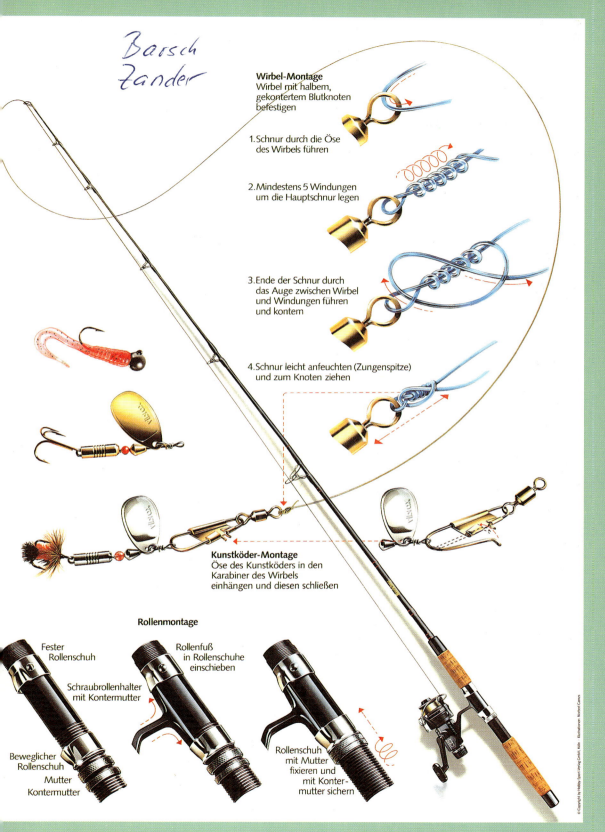

Die schwere Spinnrute

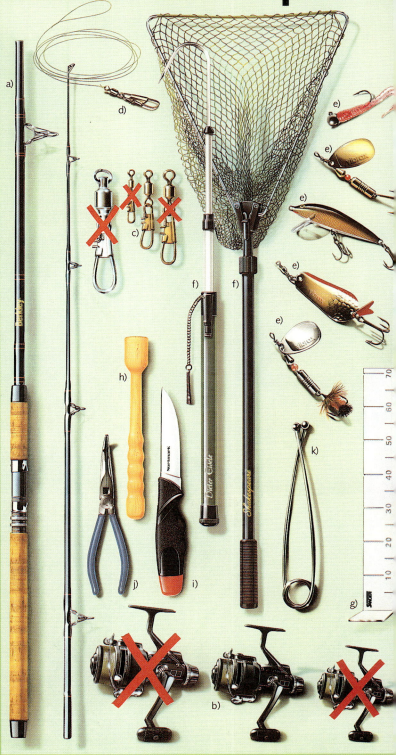

Prüfungs-Aufgabe:
Die Angelausrüstung für das Fischen mit der schweren Spinnrute ist richtig zusammengestellt, wenn der Prüfungsteilnehmer wie folgt vorgeht:

a) Eine Rute mit einer Länge von 240 cm - 300 cm mit einem Wurfgewicht von 30 gr. - 60 gr.
b) Eine mittlere Stationärrolle, bestückt mit mindestens 0,35 mm Ø monofiler Schnur
c) Ein mittlerer Wirbel
d) Ein mindestens 15 cm langes Stahlvorfach
e) Einen großen (bis 30 gr. schweren) Spinner, Blinker, Wobbler oder ähnlichen Kunstköder
f) Landungshilfe
g) Meßgerät
h) Betäubungsgerät
i) Messer
j) Hakenlösezange
k) Rachensperre

Montageanleitung

1. Die mittlere Stationärrolle wird an der Rute montiert.
2. Den einwandfreien Sitz und sicheren Halt der Rolle an der Rute prüfen.
3. Den Schnurfangbügel der Rolle öffnen.
4. Von der Rolle ausgehend, die Schnur durch sämtliche Schnurlaufringe der Rute ziehen.
5. Am Ende der Schnur wird der mittlere Wirbel mit einem halben, gekonterten Blutknoten befestigt.
6. Der Knoten ist durch Zugprobe zu überprüfen.
7. In den Karabinerteil des Wirbels wird ein Ende des Stahlvorfaches eingehängt.
8. Karabiner des Wirbels schließen.
9. An dem freien Ende des Stahlvorfaches wird der Kunstköder befestigt.
10. Das Stahlvorfach wird an seinen Verbindungen auf Festigkeit durch Zugprobe geprüft.
11. Schnurfangbügel der Rolle schließen.
12. Die Bremse der Stationärrolle wird entsprechend der Festigkeit der Schnur und ihrer Verbindungen justiert.
13. Folgendes Zubehör muß beigefügt werden:

   a) Landungshilfe
   b) Meßgerät
   c) Betäubungsgerät
   d) Messer
   e) Hakenlösezange
   f) Rachensperre

14. Fangbereites Gerät dem Prüfer zur Inspektion vorlegen.

76

Das Fischen mit der Spinnrute

Spinnfischen ist das Fischen mit Rute, Rolle und Kunstköder auf Fische, die sich von anderen Fischen ernähren. Ideal mit der leichten Spinnrute zu befischen sind Forelle, Barsch und Döbel, mit der schweren Spinnrute Hecht, Zander, Waller und Rapfen.

Die Ausrüstung

Das Gerät zum Spinnfischen unterliegt den härtesten Belastungen. Steckruten sind Teleskopruten vorzuziehen, die Teile von Teleskopruten neigen beim längeren Gebrauch zum Verwinden. Ein Zurückschieben ist dann nicht mehr möglich. Bei den Rollen greift der engagierte Spinnfischer zur Stationärrolle mit Schnellauslösesystem oder gleich zur Revolvergriffrute mit Multirolle. Wichtig ist, auch bei der leichten Spinnrute, ein Stahlvorfach von mindestens 15 cm Länge. Kommt doch – außer in Forellenregionen – der Hecht in denselben Gewässern vor, in denen auch Barsch und Döbel heimisch sind.

Ein notwendiges Hilfsmittel ist ein vorschaltbarer Anti-Kink. Durch den stetigen Zug läßt sich ein allmähliches Verdrallen der Schnur und damit ein vorzeitiger Schnurverschleiß und Bruch nicht verhindern. Diese Gefahr wird durch einen Anti-Kink gebannt.

Ein kleiner Trick, der hilft, alles was Ösen hat, ordentlich aufzubewahren, ist der Sicherheitsnadeltrick.

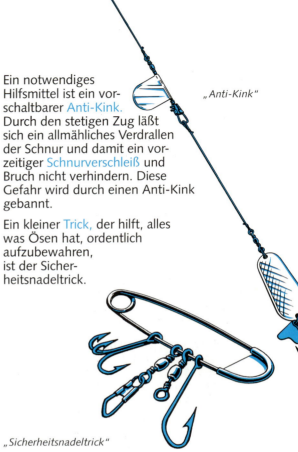

„Anti-Kink"

„Sicherheitsnadeltrick"

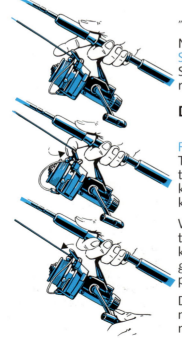

Steckrute

Neben dem notwendigen Zubehör sollte man Silberfolie und Lippenstift mitnehmen. Mit der Silberfolie werden dunkle Köder aufgehellt, roter Lippenstift gibt ihnen mehr Reiz.

Die Köder

Für die Wahl des Köders gilt folgende Faustregel:
Trübes Wetter,
trübes Wasser = helle Köder,
klares Wetter,
klares Wasser = dunkle Köder.

Wer untermaßige Fische im Gewässer vermutet, benutze Kunstköder mit Einzelhaken oder kneife vom Drilling zwei Haken ab. Der waidgerechte Angler drückt noch den Widerhaken platt.

Damit ein Fisch nicht von außen gehakt wird, muß darauf geachtet werden, daß der Haken nicht starr angebracht ist.

Das Fischen

Bei einem unbekannten Gewässer wird zunächst die Wassertiefe festgestellt.

Nach dem Auftreffen des Kunstköders auf dem Wasser beginnt man gleichmäßig zu zählen, und zwar so lange, wie die Schnur von der Rolle läuft. Man merkt sich die Zahl, bei der die Schnur stoppt, z.B. 8.

Will man in diesem Gewässer den Köder knapp über Grund führen, legt man beim nächsten Wurf den Schnurfangbügel bei der gezählten Zahl 6 um.

Diese Methode kann natürlich nur mit sinkenden Ködern wie Blinker, Spinner oder Sinkwobbler angewandt werden. (Oder mit einem sinkenden Kunststoffköder).

Ideal geführt wird, jedoch nicht zu regelmäßig, mit der Rutenspitze zur Wasseroberfläche hin. Wer eine größere Fläche befischen und die Fische besonders reizen will, bewegt die Rutenspitze während des Führens hin und her.

Sinkende Kunststoffköder werden durch Heben und Senken der Rutenspitze bei gleichzeitigem Einholen geführt.

Der Kunststoffköder reizt den Raubfisch besonders stark, die Zahl der Bisse ist überdurchschnittlich hoch. Da der größte Reiz vom nicht mit Haken bestückten hinteren Teil des Köders ausgeht, kommt es immer wieder zu Fehlbissen von meistens jungen, untermaßigen Räubern.

Wer oft in hindernisreichen Gewässern fischt, kann den Kunststoffköder hängerfrei gestalten. Dazu wird der Köder in der in der Zeichnung aufgeführten Art angebracht.

Mehr Erfahrung verlangt das richtige Führen von Wobblern. Es gibt eine Vielzahl von verschiedenen Ausführungen. Selbst Profis kennen nicht alle.

Hängerfreie Montage des Kunststoffköders

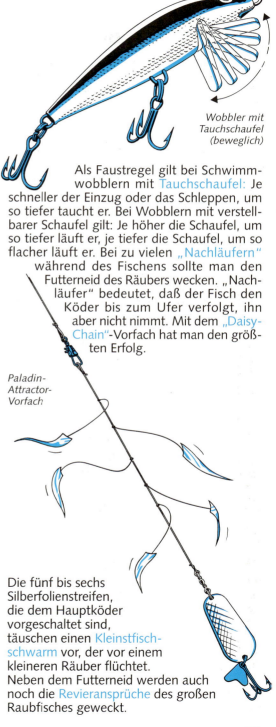

Wobbler mit Tauchschaufel (beweglich)

Als Faustregel gilt bei Schwimmwobblern mit Tauchschaufel: Je schneller der Einzug oder das Schleppen, um so tiefer taucht er. Bei Wobblern mit verstellbarer Schaufel gilt: Je höher die Schaufel, um so tiefer läuft er, je tiefer die Schaufel, um so flacher läuft er. Bei zu vielen „Nachläufern" während des Fischens sollte man den Futterneid des Räubers wecken. „Nachläufer" bedeutet, daß der Fisch den Köder bis zum Ufer verfolgt, ihn aber nicht nimmt. Mit dem „Daisy-Chain"-Vorfach hat man den größten Erfolg.

Paladin-Attractor-Vorfach

Die fünf bis sechs Silberfolienstreifen, die dem Hauptköder vorgeschaltet sind, täuschen einen Kleinstfischschwarm vor, der vor einem kleineren Räuber flüchtet. Neben dem Futterneid werden auch noch die Revieransprüche des großen Raubfisches geweckt.

Prüfungs-Aufgabe:
Die Angelausrüstung für das Fischen mit der Brandungsrute ist richtig zusammengestellt, wenn der Prüfungsteilnehmer wie folgt vorgeht:

- a) Eine Rute mit einem Wurfgewicht von 150 gr.-200 gr. und einer Länge von 360 cm - 450 cm
- b) Eine große Salzwasser-Stationärrolle mit mindestens 0,50 mm ∅ monofiler Schnur
- bb) Ein Schockvorfach von mindestens 0,60 mm ∅ monofiler Schnur, doppelt so lang wie Rutenlänge plus 1,5 m
- c) Großer Kreuzwirbel
- d) Vorfach mit Haken der Größe 1-4, wobei das Vorfach immer schwächer sein muß als die Hauptschnur
- e) Wurfblei von ca. 150 gr.-200 gr. Gewicht
- f) Meßgerät
- g) Betäubungsgerät
- h) Messer
- i) Hakenlöser oder Hakenlösezange

Montageanleitung

1. Die Salzwasser-Stationärrolle wird an der Rute montiert.
2. Den einwandfreien Sitz und sicheren Halt der Rolle an der Rute prüfen.
3. Den Schnurfangbügel der Rolle öffnen.
4. Von der Rolle ausgehend, die Schnur durch sämtliche Schnurlaufringe der Rute ziehen.
5. Dann werden Hauptschnur und Schockvorfach mit einem Blutknoten verbunden und durch Zugprobe geprüft.
6. Der Seewirbel wird am Ende der Schnur mit einem halben, gekonterten Blutknoten befestigt.
7. Dieser Knoten wird auf Sitz und Halt durch Zugprobe geprüft.
8. Öse des Wurfbleies und Schlaufe des Vorfaches werden in den offenen Karabiner des Wirbels eingehängt.
9. Karabiner des Wirbels schließen.
10. Die Knoten des Vorfaches und des Hakens durch Zugprobe testen.
11. Schnurfangbügel der Rolle schließen.
12. Die Bremse der Stationärrolle ist total zu blockieren.
13. Folgendes Zubehör muß beigelegt werden:
- a) Meßgerät
- b) Betäubungsgerät
- c) Messer
- d) Hakenlöser oder Hakenlösezange
14. Fangbereites Gerät dem Prüfer zur Inspektion vorlegen.

Die Brandungsrute

80

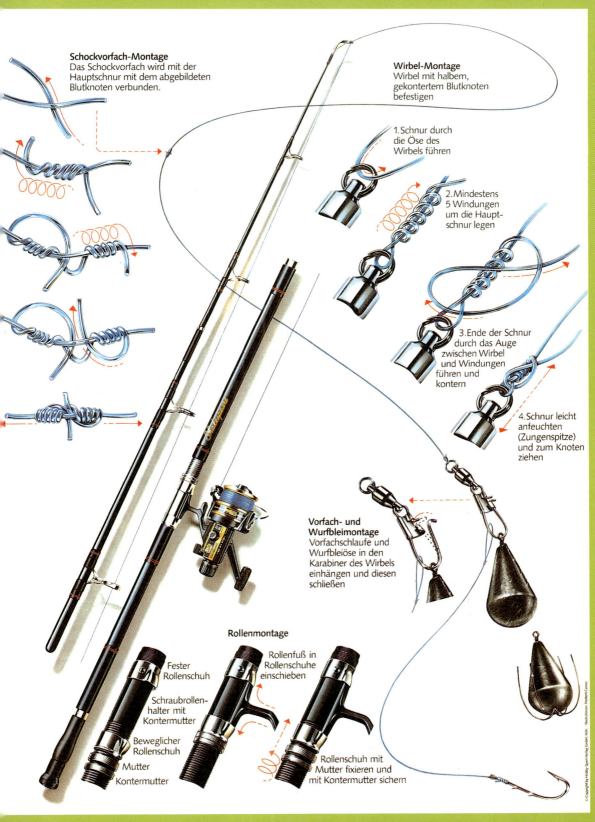

Das Fischen mit der Brandungsrute

An der Nord- und Ostseeküste gibt es das ganze Jahr über ausgezeichnete Möglichkeiten, Meeresfische vom Ufer aus zu fangen. Voraussetzungen für das Brandungsfischen sind neben dem gültigen Jahresfischereischein die Kenntnis und Einhaltung der Bestimmungen der Küstenfischereiordnungen des betreffenden Bundeslandes.

Bestimmte Schonbezirke dürfen nicht beangelt werden, und Schonzeiten sowie Schonmaße bestimmter Meeresfischarten sind zu beachten.

Die Ausrüstung

Das Angelgerät wird von der Uferbeschaffenheit (vorwiegend Sandstrand) und den Hauptfischarten (Dorsch und Plattfische) bestimmt. Selbstverständlich werden weitere Meeresfischarten wie Aalmutter, Aal und Seeskorpion gefangen.

Die Ruten sollten möglichst leicht und dünn sein, ein Wurfgewicht von 150 bis 200 Gramm und eine Länge von 3,5 bis 4,5 m haben.

Es werden größere Stationärrollen, deren Spulen randvoll mit monofilen Hauptschnüren (Durchmesser 0,35-0,45 mm) gefüllt sind, eingesetzt.

Kopfleuchte

Da häufig in der Dunkelheit gefischt wird, ist eine Taschenlampe, besser noch eine Kopflampe, erforderlich. Eine Kopflampe ermöglicht das Beködern und Behandeln des Fanges mit beiden freien Händen.

Leuchtknickstäbchen, die mit Tesafilm an der Rutenspitze befestigt werden, lassen Bisse in der Dunkelheit leicht erkennen.

Die Köder

Die besten Köder für das Brandungsfischen sind der Wattwurm und der Seeringelwurm, aber auch mit Krabben, Krebsen, Muschelfleisch, Fetzenköder und weiteren Köderarten werden die Flossenträger überlistet.

Wurmköder werden am besten mittels einer Ködernadel auf die Haken geschoben, um die Würmer möglichst unverletzt und lange brauchbar am Haken zu halten.

Die Ködernadel für das Brandungsfischen besteht aus einem Metallrohr von 2-3 mm Durchmesser und hat eine Länge von 25 cm. Sie ist auf einer Seite zugespitzt. Nachdem die Würmer auf der Ködernadel sind, wird die Hakenspitze in die Öffnung des Röhrchens gesteckt und die Würmer von der Nadel auf den Haken geschoben.

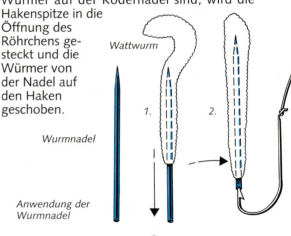

Wattwurm

Wurmnadel

Anwendung der Wurmnadel

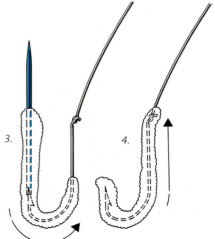

Die Würmer werden kühl und trocken, am besten in Zeitungspapier gewickelt, aufbewahrt. Wattwürmer sind sehr empfindlich gegen Regenwasser. Die Köder sollten ständig gewechselt werden. Auch ohne Biß werden die Wattwürmer nach etwa 20 Minuten eingeholt und durch frische Würmer ersetzt, da die auslaufende Flüssigkeit die Fische anlockt und mit alten Würmern wenig Erfolg erzielt wird.

Das Fischen

Starke Brandung, auflandiger Wind, auflaufendes Wasser und die Zeit der Dämmerung bis kurz vor Mitternacht sind die besten Voraussetzungen für Fangerfolge. Bei diesen Verhältnissen bzw. in dieser Zeit kommen zahlreiche Fische in Ufernähe, um hier Nahrung aufzunehmen.

Es gilt in der Regel, weite Würfe zu erzielen, um die Köder im tiefen Wasser anzubieten. Aus Sicherheitsgründen sollte nur der Überkopfwurf durchgeführt werden.

Die verwendeten Wurfbleie haben Gewichte von 100 bis 180 Gramm. Bei starker Brandung und seitlicher Strömung werden Spinnenbeinbleie eingesetzt, um die Köder am Fangplatz zu halten.

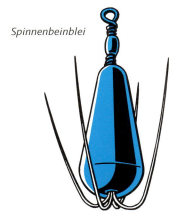
Spinnenbeinblei

Die Bleie sollten eine aerodynamisch günstige Tropfenform haben. Eine ungünstige Form bzw. ein Flattern des Wurfbleies verkürzen die Wurfweite.

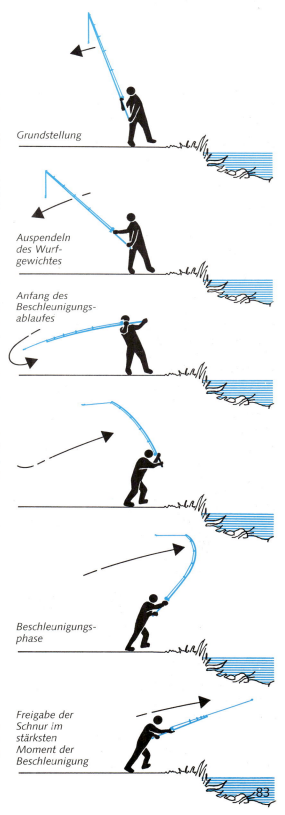

Grundstellung

Auspendeln des Wurfgewichtes

Anfang des Beschleunigungsablaufes

Beschleunigungsphase

Freigabe der Schnur im stärksten Moment der Beschleunigung

Das Fischen mit der Brandungsrute

Um ein Abreißen von Blei und Ködern zu verhindern, wird eine Schlagschnur mit einer Länge von mindestens der Rutenlänge plus 1,5 m und einem Durchmesser von mindestens 0,5 mm mit einem sicheren Knoten vor die Hauptschnur geknüpft.

Lippschnüre mit ihren Schlaufen eingehängt. Die Lippschnüre haben im allgemeinen eine Länge von 30 cm sowie Durchmesser von ca. 0,35 mm und sind mit langschenkligen Haken verbunden. Die Größe hängt von der Fischart ab, die hauptsächlich gefangen werden soll.

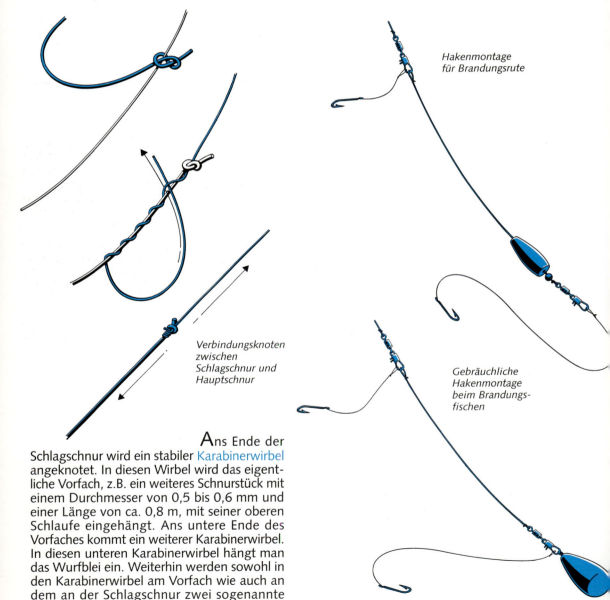

Hakenmontage für Brandungsrute

Verbindungsknoten zwischen Schlagschnur und Hauptschnur

Gebräuchliche Hakenmontage beim Brandungsfischen

Ans Ende der Schlagschnur wird ein stabiler Karabinerwirbel angeknotet. In diesen Wirbel wird das eigentliche Vorfach, z.B. ein weiteres Schnurstück mit einem Durchmesser von 0,5 bis 0,6 mm und einer Länge von ca. 0,8 m, mit seiner oberen Schlaufe eingehängt. Ans untere Ende des Vorfaches kommt ein weiterer Karabinerwirbel. In diesen unteren Karabinerwirbel hängt man das Wurfblei ein. Weiterhin werden sowohl in den Karabinerwirbel am Vorfach wie auch an dem an der Schlagschnur zwei sogenannte

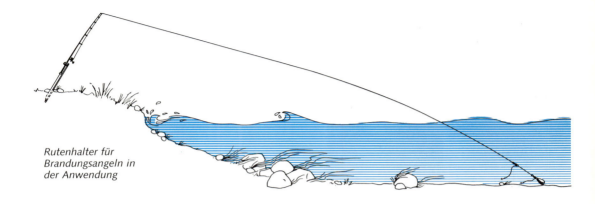

Rutenhalter für Brandungsangeln in der Anwendung

Das Brandungsfischen wird vorwiegend mit zwei Ruten, die jeweils zwei Haken haben, ausgeübt. Um das Versetzen des Grundbleies und das Auffangen von an der Oberfläche treibendem Kraut zu verhindern, benötigt man lange Brandungsangelrutenhalter. Die Halter bestehen aus Winkeleisen, die unten zugespitzt sind und oben einen Ring und einen angeschweißten Stopper für die Aufnahme des Rutengriffs besitzen. Mittels der Rutenhalter wird die Schnur über die anlaufenden Wellen gehalten. Die Rutenhalter werden fest im Boden verankert.

Starkes Anschlagen ist beim Brandungsfischen nicht notwendig. Die Rollenbremse ist fest eingestellt, und der Fisch wird so schnell wie möglich an Land gedrillt. Ist der Fisch in Ufernähe, so geht der Angler einige Schritte rückwärts und zieht den Fisch mit der Angel über die Wasseroberfläche ans Ufer.

Das Brandungsfischen ist unabhängig von Kutterfahrzeiten immer möglich und bei aufgewühlter See besonders erfolgreich. Die Fangresultate sind mit denen der Kutterfischerei vergleichbar.

Der sportliche Teil dieser Angelart, weites kraftvolles Werfen und der Drill an langer Rute begeistern immer mehr Meeresangler.

Rutenhalter für das Brandungsangeln

Der Wurf erfolgt mit einem Winkel von ca. 45 Grad. Nachdem Blei und Köder im Wasser eingetaucht sind, wird die Schnur lose eingeholt und die Rute im Halter abgestellt.

Einen Biß erkennt der Angler durch starkes Schütteln der Rutenspitze bzw. durch plötzlich durchhängende Schnur.

Die Dorschrute

Prüfungs-Aufgabe:
Die Angelausrüstung für das Fischen mit der Dorschrute ist richtig zusammengestellt, wenn der Prüfungsteilnehmer wie folgt vorgeht:

a) Eine Rute von 180 cm - 270 cm Länge und einem Wurfgewicht zwischen 150 gr. - 300 gr.
b) Eine Salzwasser-Stationärrolle, gefüllt mit monofiler Schnur von mindestens 0,45 mm ∅ Stärke
c) Einen Seewirbel
d) Einen Pilker
e) Landungshilfe
f) Meßgerät
g) Betäubungsgerät
h) Messer
i) Hakenlösezange

Montageanleitung

1. Die Salzwasser-Stationärrolle wird an die Rute montiert.
2. Den einwandfreien Sitz und den sicheren Halt der Rolle an der Rute prüfen.
3. Den Schnurfangbügel der Rolle öffnen.
4. Die Schnur durch sämtliche Schnurlaufringe der Rute ziehen.
5. Den Seewirbel am Ende der Schnur mit einem halben, gekonterten Blutknoten befestigen.
6. Diesen Knoten auf Sitz und Halt durch Zugprobe prüfen.
7. Die freie Öse des Pilkers in den offenen Karabiner des Wirbels einhängen.
8. Karabiner des Wirbels schließen.
9. Schnurfangbügel der Rolle schließen.
10. Bremse der Stationärrolle entsprechend der Schnurstärke einstellen.
11. Folgendes Zubehör beifügen:
    a) Landungshilfe
    b) Meßgerät
    c) Betäubungsgerät
    d) Messer
    e) Hakenlösezange
12. Fangbereites Gerät dem Prüfer zur Inspektion vorlegen.

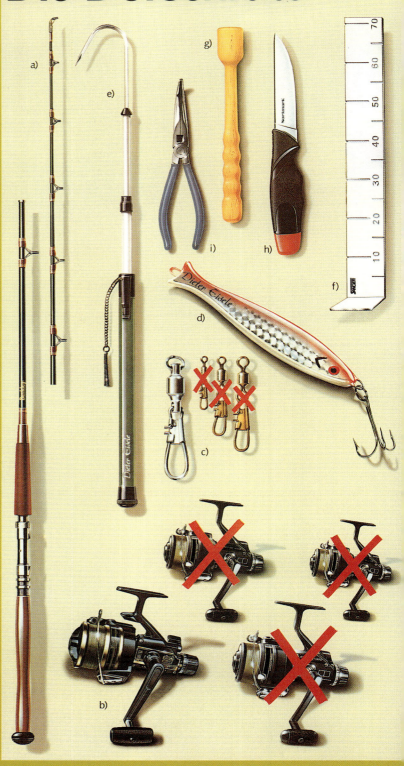

Das Fischen mit der Dorschrute

Mit dieser an der Nord- und Ostsee bekanntesten Angelart vom treibenden Kutter aus werden Dorsche, Wittlinge und andere Meeresfischarten gefangen.

Die Ausrüstung

Das Angelgerät ist abhängig von der Bootsgröße, Wassertiefe, Windstärke und Driftgeschwindigkeit.

Die Rutenlänge sollte zwischen 2,10 u. 3,30 m liegen. Die längeren Ruten werden von den größeren Schiffen aus eingesetzt, um weitere Würfe und eine gute Köderführung zu ermöglichen.

Die Biegsamkeit der Rute und die Dehnungseigenschaften der Schnur bestimmen die Führung des Köders und verhindern durch ihre dämpfende Wirkung das Ausreißen der Haken.

Als Rollen werden große, kräftige Stationärrollen benötigt, deren Spulen randvoll mit monofilen Schnüren gefüllt sind. Die Durchmesser der Schnüre sollten 0,35 bis 0,50 mm betragen.

Die Köder

Geangelt wird mit einem Meeresblinker, dem Pilker. Der Pilker wird so über Grund geführt, daß er die fluchtartigen Schwimmbewegungen kleiner Fische vortäuscht.

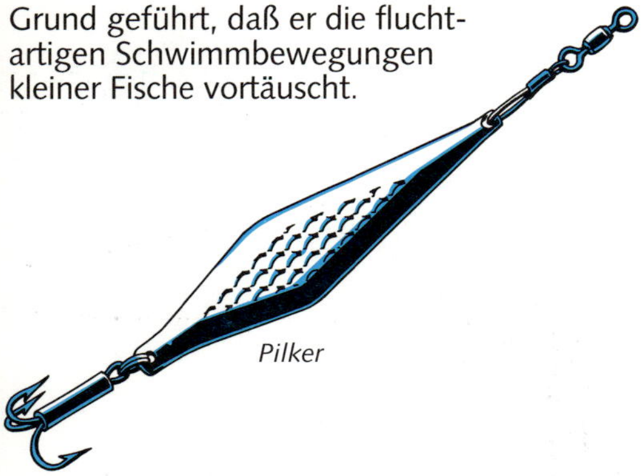

Pilker

Das Gewicht des verwendeten Pilkers muß zum Wurfgewicht der Rute passen. Es werden Pilker zwischen 75 und 200 Gramm eingesetzt, die schweren Pilker bei starker Strömung und tiefem Wasser.

Es ist wichtig, Pilker verschiedener Gewichte, Formen und Farben mit an Bord zu nehmen. Die Form soll zu den Pilkbewegungen des Anglers und des verwendeten Gerätes passen, die Farben werden auf die Farben der natürlichen Futterfische und auf die Lichtverhältnisse abgestimmt. Bei hellem Licht verwendet man bunte, bei schlechtem Wetter schimmernde Pilker.

Der Kopf des Pilkers muß schwerer als der Körper sein, damit ein Überschlagen beim Werfen und Führen verhindert wird.

Am Pilkerkopf wird ein Drillingshaken mittels eines möglichst kleinen Sprengringes befestigt. Ein kleines rotes Plättchen bzw. zusätzliche bunte Wollfäden erhöhen den Reiz zum Biß.

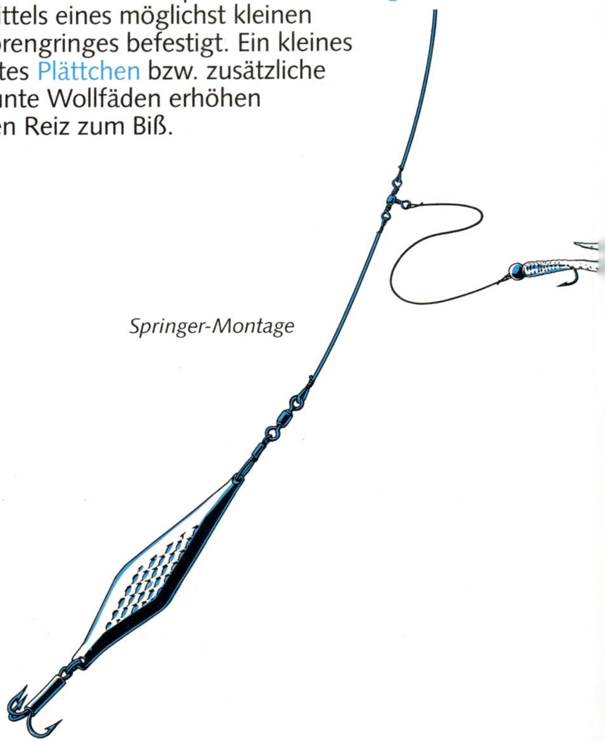

Springer-Montage

Der Fangerfolg kann erheblich verbessert werden durch die Zusatzmontage eines Springers, Jigs oder einer Dorschfliege. In seinem Futterneid versucht z.B. der Dorsch, dem kleineren Fisch (Pilker) den Köder (Springer) abzujagen.

Etwa 60 Prozent der Fische werden nicht mit dem Pilker, sondern mit dem Jig gefangen.

Das Fischen

Da die Fische den Köder vorwiegend über Grund aufnehmen, wird am Meeresboden geangelt. Eine gute Köderführung ist erfolgsbestimmend. Abhängig vom Standplatz auf dem Schiff und der Treibrichtung werden die Köder entweder abgelassen oder in Driftrichtung ausgeworfen. Gute Plätze auf dem Kutter sind der Bug- und Heckbereich. Hier hat der Angler mehr Freiraum und beangelt einen größeren Sektor als in der Bootsmitte, wo nur Meerestreibabschnitte von Nachbar zu Nachbar zur Verfügung stehen.

Die Sicherheit ist oberstes Gebot beim Kutterangeln. Vor dem Auswerfen muß sich der Angler orientieren und seinen Pilker, der vor dem Wurf einen Abstand von ca. 0,5 m von der Rutenspitze haben sollte, im Auge behalten.

Nur wenn keine Verletzungsgefahr für andere besteht, darf der Wurf durchgeführt werden.

Geübten Meeresanglern gelingen weite Würfe, die unter der Hand bzw. von der Seite aus ausgeführt werden.

Vor dem Wurf wird, nachdem die Rücklaufsperre der Rolle eingelegt wurde, der Schnurfangbügel auf der unbequemen, gegenüberliegenden Seite aufgeklappt.

Der Wurf erfolgt in Driftrichtung parallel zu den Schnüren der Nachbarangler.

Sobald der Pilker auf der Wasseroberfläche aufkommt, wird die Schnur leicht mit der freien Hand geführt, bis der Pilker auf dem Meeresgrund auftippt.

Das Auftippen wird erfühlt und durch die Beobachtung der ausgeworfenen Schnur kontrolliert.

Dieses Beobachten und Fühlen ist äußerst wichtig für eine richtige Führung des Köders. Im Zweifelsfall muß das Gewicht des Pilkers erhöht werden.

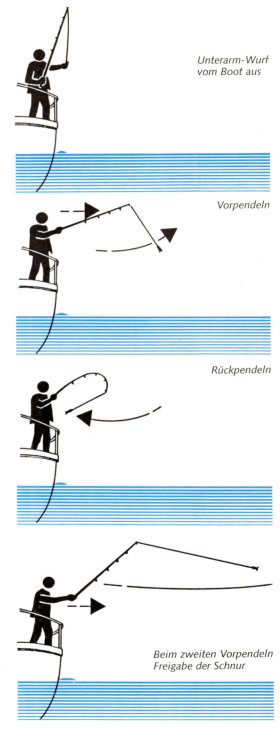

Unterarm-Wurf vom Boot aus

Vorpendeln

Rückpendeln

Beim zweiten Vorpendeln Freigabe der Schnur

Das Fischen mit der Dorschrute

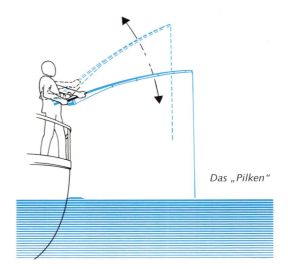

Das „Pilken"

Nachdem evtl. lose Schnur eingeholt wurde, kann mit den Pilkbewegungen begonnen werden.

Man beschleunigt die Bewegung beim Heben der Rutenspitze und verlangsamt die Bewegung beim Senken der Spitze.

Da bei jeder Pilkbewegung lose Schnur eingeholt wird, führt man den Pilker über den Grund, bis die Schnur fast parallel zum Bootskörper verläuft.

Sodann wird der Pilker vorsichtig für einen neuen Wurf eingeholt.

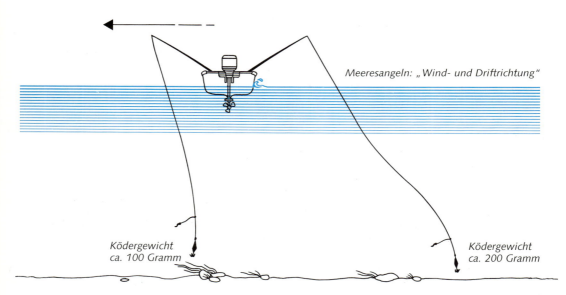

Meeresangeln: „Wind- und Driftrichtung"

Ködergewicht ca. 100 Gramm

Ködergewicht ca. 200 Gramm

Der Pilker darf nicht unter dem Boot durchtreiben, da er sich sonst mit dem Gerät der Angler auf der anderen Bootsseite verhängen kann.

Den Biß eines Fisches – auch in großen Tiefen – fühlt man durch einen deutlichen Widerstand. Ein Klopfen in der Rute zeigt an, daß es kein Hänger (Verhaken des Pilkers am Meeresgrund) ist.

Die Rollenbremse muß so eingestellt sein, daß der Fisch mit einer Zugkraft, die unter der Schnurreißfestigkeit liegt, abziehen kann.

Der Fisch wird durch Pumpen (Anheben der Rute und Eindrehen der Schnur bei gleichzeitigem Senken der Rutenspitze) an die Oberfläche gedrillt. Die Rutenspitze wird soweit gesenkt, daß der Abstand zur Wasseroberfläche ca. 1 m beträgt.

Kleinere Fische, die gut gehakt sind, werden mit einem gleichmäßigen Schwung über die Reeling an Bord gehoben. Bei größeren Fischen muß ein Nachbar mit einem Landungsgerät helfen. Schwere Fische dürfen nicht über die Wasseroberfläche gehoben

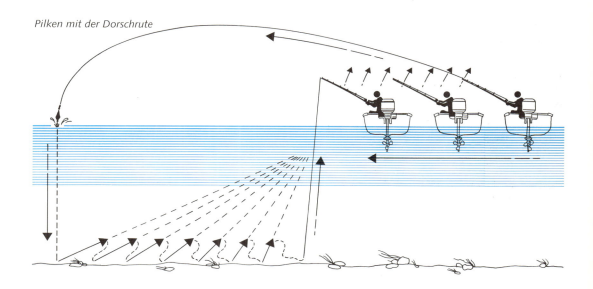

Pilken mit der Dorschrute

werden, da die Gefahr des Schnurreißens bzw. des Aushakens besteht.

Untermaßige Fische werden vorsichtig vom Haken gelöst und schonend ins Meer zurückgesetzt. Maßige Fische werden betäubt; erst dann wird der Haken gelöst und der Fisch abgestochen.

Um bei häufigem Hängenbleiben des Pilkers im Bodengrund (an Steinen, Pflanzen usw.) den Kunstköderverlust zu vermeiden, nimmt man anstelle eines Sprengringes als Verbindung zwischen Pilker und Drilling eine monofile Schnur von schwächerer Tragkraft als die Hauptschnur.

Für perfektes Fischen mit der Dorschrute und für die perfekte Gerätebeherrschung ist die Teilnahme an einem Castinglehrgang empfehlenswert.

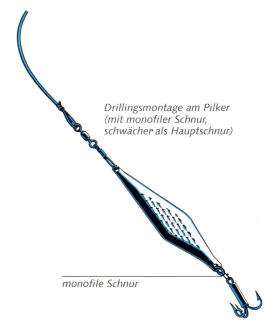

Drillingsmontage am Pilker (mit monofiler Schnur, schwächer als Hauptschnur)

monofile Schnur

Die Makrelenrute

Prüfungs-Aufgabe:
Die Angelausrüstung für das Fischen mit der Makrelenrute ist richtig zusammengestellt, wenn der Prüfungsteilnehmer wie folgt vorgeht:

a) Eine Rute von einer Länge zwischen ca. 180 - 270 cm, aber mindestens so lang wie das Makrelenvorfach, und einem Wurfgewicht zwischen 150 und 300 gr.
b) Eine Salzwasser-Stationärrolle, gefüllt mit monofiler Schnur von mindestens 0,45 mm ⌀ Stärke
c) Zwei schwere Seewirbel
d) Makrelenvorfach
e) Schweres Blei oder Pilker von 150 - 300 gr.
f) Betäubungsgerät
g) Messer
h) Hakenlösezange
i) Meßgerät

Montageanleitung

1. Die Salzwasser-Stationärrolle wird an die Rute montiert.
2. Den einwandfreien Sitz und den sicheren Halt der Rolle an der Rute prüfen.
3. Den Schnurfangbügel der Rolle öffnen.
4. Die Schnur durch sämtliche Schnurlaufringe der Rute ziehen.
5. Den schweren Seewirbel am Ende der Schnur mit einem halben, gekonterten Blutknoten befestigen.
6. Diesen Knoten auf Sitz und Halt durch Zugprobe prüfen.
7. Eine Schlaufe des Makrelenvorfaches in den offenen Karabiner des Wirbels einhängen.
8. Karabiner des Wirbels schließen.
9. Makrelenvorfach ordnen und strecken.
10. In die freie Schlaufe des Makrelenvorfaches den zweiten Seewirbel einschlaufen.
11. Die Verbindungen des Makrelenvorfaches durch Zugprobe prüfen.
12. In den offenen Karabiner am Ende des Vorfaches schweres Blei oder Pilker einhängen.
13. Karabinerteil des Wirbels schließen.
14. Schnurfangbügel schließen.
15. Bremse der Stationärrolle auf die Stärke der Schnur einstellen.
16. Folgendes Zubehör beifügen:
a) Betäubungsgerät
b) Messer
c) Hakenlösezange
d) Meßgerät
17. Fangbereites Gerät dem Prüfer zur Inspektion vorlegen.

92

Das Fischen mit der Makrelenrute

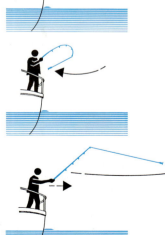

Schifferknoten (für Makrelenvorfach)

Zahlreiche Fachgeschäfte organisieren für das Meeresangeln mit der Makrelenrute Ausflüge an die Nordseeküste Belgiens, der Niederlande oder der Bundesrepublik.

Die Ausfahrt mit den Booten ist morgens zwischen 6.00 und 7.00 Uhr, die Schiffe brauchen bis zu den fangträchtigen Gebieten 1½ bis 2 Stunden.

Die Ausrüstung

Grundvoraussetzung ist eine starke Rute mit einem Wurfgewicht von 150-300 Gramm. Ebenso notwendig ist eine große, für das Fischen im Salzwasser geeignete Stationärrolle. Die Schnur sollte mindestens einen Durchmesser von 0,5 mm und eine Tragkraft von mindestens 25 Pfund haben.

Die Rute muß wesentlich länger sein als das Vorfach. Mit zu kurzer Rute können die Makrelen nicht mit einem Zug über die Reeling gehievt werden. Sie können gegen die Bordwand schlagen oder sich freischütteln. Bewährt haben sich Ruten von 2,40 bis 2,70 m Länge.

Die Köder

Als Köder wird ein Makrelenvorfach benutzt, das eine Länge von ein bis zwei Metern hat und mit mehreren Haken ausgestattet ist.

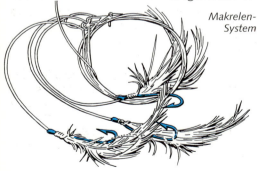

Makrelen-System

Das Standard-Makrelenvorfach ist 1,75 m lang und hat bis zu 6 Haken.
An diese Haken werden künstliche Köder angebunden, meistens eingefärbte Federn, aber auch Alufolien, Lametta oder Plastikimitationen von Krebsen, Fischen und Kraken.

Die Form des künstlichen Köders spielt keine große Rolle. Im Schwarm reagiert die Makrele auf alles, was Beutegröße hat.

Das Vorfach hat an beiden Enden eine Schlaufe. Mit der einen Schlaufe wird es am Karabiner der Hauptschnur befestigt, mit der anderen wird das Gewicht, ein Wurfblei oder Pilker, angebracht.

Das Fischen

Hat das Boot ein erfolgversprechendes Gebiet erreicht, wird es gestoppt und das Angeln kann beginnen.

Der Schnurfangbügel wird umgelegt und die Schnur mit dem Makrelenvorfach und dem Wurfgewicht mittels Unterarmwurf ausgeworfen.

Auswerfen des Makrelen-Systems mit dem Unterarmwurf

Vorpendeln

Rückpendeln

Beim zweiten Vorpendeln Freigabe der Schnur

94

Oft sind die Kutter voll belegt, deshalb ist gegenseitige Rücksichtnahme unerläßlich. Durch Überkopfwürfe gefährdet man andere und sich selbst, ein zu geringes Gewicht treibt das Makrelenvorfach in die Schnüre der Angelkameraden.

Man läßt die Schnur so lange von der Spule ablaufen, bis das Wurfgewicht Grundkontakt hat. Dann wird der Schnurfangbügel geschlossen und das Gewicht ca. 1 m hochgekurbelt.

Damit der Kunstköder Leben bekommt, wird die Rutenspitze leicht gehoben und gesenkt. Wenn innerhalb von einer Minute kein Fisch anbeißt, kurbelt man die Schnur 2-3 m ein, um in einer neuen Wassertiefe das Gleiche zu versuchen.

Das „Pilken"

Dieser Vorgang wird so lange wiederholt, bis das Wurfgewicht die Wasseroberfläche wieder erreicht hat. Danach wird es erneut ausgeworfen.

Da das Boot während des Angelns driftet, also nicht verankert ist, befischt man immer wieder ein neues Gebiet.

Wenn ein Fisch anbeißt, macht sich das durch einen heftigen Ruck bemerkbar. Erfahrene Angler ziehen jedoch einen einzelnen Fisch nicht aus dem Wasser. Sie warten, bis weitere Makrelen auf die noch freien Haken gebissen haben. Erst dann wird die Schnur eingeholt.

Dabei ist es wichtig, die Kurbelumdrehungen zu zählen. Mit diesem kleinen Trick ermittelt man die Wassertiefe, in der sich der Schwarm aufhält.

Die Makrele wird nicht gedrillt. Dafür ist sie im Verhältnis zur Schnurstärke zu leicht. Die gehakte Makrele wird auch nicht mit einer Lan-

dungshilfe ins Boot gebracht, sondern einfach aus dem Wasser gehoben. Die kräftige Rute und die starke Schnur machen das möglich.

Nach dem Lösen und Versorgen der Fische wird die Rücklaufsperre der Rolle ausgeschaltet und der Köder durch Rückwärtsdrehen der Kurbel zu Wasser gelassen, also nicht ausgeworfen.

Die Anzahl der Kurbelumdrehungen entspricht der, mit der wir vorher die Fische aus dem Wasser geholt haben. So erreicht der Köder die Tiefe, in der sich die Makrelen aufhalten.

Die Fische werden bereits auf dem Boot fachgerecht ausgewaidet und gesäubert. Man sollte darauf achten, daß keine Blutflecken an die Kleidung kommen. Makrelenblut ist nur sehr schwer zu entfernen.

Nachdem die Fische gesäubert sind, werden sie in mitgebrachten Kühltaschen verstaut. Kühlakkus in den Kühltaschen haben sich – besonders an heißen Sommertagen – nicht bewährt. Besser ist Trockeneis, das die Fische rund 24 Stunden lang frisch hält.

Beim Fischen mit der Makrelenrute werden auch Dorsch, Köhler, Hornhecht, Stöcker und Pollack gefangen, besonders dann, wenn ein Pilker als Wurfgewicht verwendet wird.

Beim Lösen des Stöckers vom Haken muß man besonders vorsichtig sein. Der Fisch hat große spitze Rückenstacheln, an denen man sich leicht verletzen kann.

Zum Schluß sei noch auf eine besondere Eigenschaft der Makrele hingewiesen: Als Angehörige der Familie der Thunfische haben Makrelen eine Körpertemperatur, die geringfügig höher ist als die des umgebenden Wassers. Das ist einer der Gründe für ihr unglaubliches Temperament.

Die Makrele hat eine Größe von 30-35 cm und wiegt 400 bis 500 Gramm. Das bisher schwerste Exemplar holte ein Amerikaner aus dem Wasser, Gewicht: 3.397 Gramm. Die deutsche Rekord-Makrele brachte dagegen nur 1.476 Gramm auf die Waage.

Jedes Hobby hat seinen Preis

Als frischgebackener Sportfischer ohne Gewässer und Gerät taucht nun die Frage auf, wo und was man fischen möchte. Danach richtet sich die Auswahl des Gewässers bzw. der Beitritt in einen Verein.

Die Aufnahmegebühren der Vereine sind unterschiedlich. Bei einigen sind es nur wenige Mark, bei anderen hundert Mark oder mehr.

Auf die Fischereierlaubnis trifft dasselbe zu.

Immer wieder wird die Frage gestellt: Was kosten Angelgeräte? Die einfachste Antwort: das, was sie wert sind. Man kann von einer Rolle für DM 50,– nun einmal nicht dieselbe Leistung und Ausstattung verlangen wie von Top-Modellen, die ca. DM 250,– kosten.

Diese Aussage trifft auch auf die Angelruten zu. Nur, daß bei einigen Spezialruten, wie z. B. der 12,5 m langen unberingten Stipprute, die Obergrenze bei ca. DM 2.000,– liegt.

Man sollte sich aber von diesen Preisen nicht abschrecken lassen. Schon für DM 200,– bekommt man eine gute Ruten-, Rollen-, Schnurkombination für nahezu alle gebräuchlichen Fischereimethoden.

Das notwendige Zubehör wie Unterfangkescher, Meßgerät, Hakenlöser, Hakenlösezange, Betäubungsgerät, Messer und Rachensperre schlägt noch einmal mit ca. DM 100,– zu Buche.

Für die Gerätemontage benötigt man u.a. Stopper, Posen, Glasperlen, Bleie, Wirbel, Haken, Stahlvorfächer und diverse Kunstköder. Dafür wird man zwischen DM 50,– und DM 100,– ausgeben.

So ist man für den erfolgreichen Einstieg ins Anglerleben ausgerüstet. Um sich das Hobby so bequem wie möglich zu gestalten, bietet der Handel noch diverses nützliches Zubehör an.

Folgendes davon wird von jedem Angler früher oder später gekauft:

Stiefel	ab DM 30,00
Hut	ab DM 20,00
Rutenfutteral	ab DM 50,00
Köderdosen	ab DM 2,00
Rutenhalter	ab DM 8,00
Taschenlampe	ab DM 5,00
Watstiefel oder Wathose	ab DM 75,00
Fischerweste	ab DM 70,00
Ködernadel	ab DM 1,00
Sitzkiepe	ab DM 65,00
Umhängetasche	ab DM 20,00
Anglerschirm	ab DM 80,00
Gaff	ab DM 30,00
Knicklichter	ab DM 1,50
Räucherofen	ab DM 75,00
Köderkessel	ab DM 15,00
Polaroidbrille	ab DM 20,00
Regenbekleidung	ab DM 60,00

Alle diese Kosten fallen natürlich nicht auf einmal an. Sie entstehen im Laufe der Zeit.

Jedes Hobby hat seinen Preis. Doch wenn man bedenkt, welch schöne Freizeitpassion wir uns ausgesucht haben, sind die Kosten dafür kein zu hoher Preis.

Sachwortregister für den praktischen Prüfungsteil

Aal (82)
Aalfischer (15)
Aalmutter (82)
Aas (28)
Abbremsen (73)
Abzugswiderstand (62)
Achat (11)
Achsbremse (38)
Achse (31)
Acryllack (11)
Aerodynamik (24)
Äsche (70)
AFTMA (American Fishing Tadele Manufacturer Association) (8, 18)
Aktion (6, 7)
Alufolie (94)
Aluminium-Oxyd-Ring (11)
Amphibien (29)
Anbiß (6)
Anfütterer (Körbchen- oder Spiralanfütterer) (61)
Angeln (6)
Angelrolle (6)
Angelrute (6)
Angelsaison (18)
Angelschnur (17)
Anglerjacke oder -weste (35)
Anglerschirm (36)
Anglertasche (35, 36)
Anschaffungspreis (16)
Anschlag (28)
Anschlagschock (46)
Anti-Kink (78)
Appetitnerven (48)
Artenschutzzeit (73)
Astgabel (35)
Aufsteigen (73)
Auftriebskörper (25)
Ausdrillen (73)
Ausschlitzen (60)
Austarieren (21)
Austarierungsmethode (56)
Auswaiden (35)
Auswurf (12)
Automatikrolle (13)

Bachflohkrebs (28)
Bachforelle (70)
Bahn, lang (49)

Balsaholz (21)
Bambus (7)
Bambusstange (7)
Barsch (30, 70, 78)
Bauchseite (6)
Bekleidung (36)
Belastbarkeit (8)
Belastungspunkt (57)
Betäubungsgerät (6)
Beute (30)
Beuteaufbewahrung (36)
Beutegröße (94)
Bibberspitze (22)
Biegeverhalten (8)
„Big Game" (8)
Billfisch (33)
Bindehäutchen (34)
Bindeseide (11)
Biskuitmehl (47)
Bißanzeiger (6, 21)
Bißanzeiger, elektrisch (22)
elektronisch (22, 62)
Bißausbeute (23)
„Bißluchs" (22)
Blasebalgausführung (36)
Blätter (73)
Blei (36)
Bleikopf (32)
Bleischrotband (61)
Blickkontakt (54)
Blinker (26, 31)
(to) blink (31)
Blitzhaken (26)
Blutknoten, halb gekontert (20)
Blutknoten, doppelt (19)
Boilie (30)
Boot (60)
Bootsgröße (88)
Bordwand (94)
Brandungsangelrutenhalter (85)
Brandungsfischen (19)
Brandungsrute (8)
Brasse (30, 46, 47)
Bremssystem (12)
Bremsvorwahlknopf (16)
Brot (26, 30)
Brotflocke (30)
Brückenbaukonstruktion (11)

Brückenring (11)
Bügelfeder (14)
Büroklammern (55)
Bug- und Heckbereich (89)

Carbonstahl (26)
Castinglehrgang (91)
Chemikalien (22)
Curry (47)
Cypriniden (55)
Cyprinidenfamilie (26)

Dacronmaterial (18)
Dämmerung (83)
Darmerkrankung (48)
Dehnung (17)
Dehnungseigenschaft (88)
„Die Angelschnur im Test" (20)
Devon (31)
Döbel (30, 46, 78)
Doppelzug (42)
Dorsch (82, 88)
Dorschfliege (88)
Dorsch- und Makrelenrute (33)
Double Taper (DT) (18)
Drall (6, 25)
Drehkreiswiderstand (37)
Drehmoment (67)
Dreistegring (11)
Driftgeschwindigkeit (88)
Driftrichtung (89)
Drill (6, 34)
Drillphase (73)
Druckknopf (13)
Druckknopfspule (14)
Druckknopfsystem (14)
Dunkelheit (27)
Durchlaufmethode (22)
Durchlauföse (21)
Durchmesser (6)
Dyneema-Schnur (17)

Eiablage (73)
Eier (32)
Eigengewicht (66)
Einfachwirbel mit 2 Ösen (25)
Ein- oder Zweihandrute (9)

Einschießen (41)
Einschnitt (54)
Einsteckverbindung (8)
Einstegring (11)
Einzelhaken (19)
Eipaket (32)
Empfindlichkeit (56)
Endkappe (9)
End- oder Spitzenring (11)
Entwicklung (12)
Entwicklungsstadium (32)
Erdspieß (36)

Fachgeschäft (18)
Fangen, waidgerecht (34)
Fangergebnis (28)
Fangresultat (85)
Farben (17)
Fassungsvermögen (17)
Federkraft (13)
Federn (33)
Fehlbiß (28, 67)
Fetzenköder (82)
Feuchtigkeit (27)
Filieren (35)
Filiermesser (35)
Fingerkuppe (61)
Fisch (21)
Fischart (21)
Fischen (6)
Fischen, hegerich (46)
Fischen (Preis-) (46)
Fischfang (6)
Fischereibehörde (29, 66)
Fischereierlaubnisschein (34)
Fischereigerechtigkeit (63)
Fischereimethode (25)
Fischereirechtsinhaber (34)
Fischgerechtigkeit (35)
Fischgröße (54)
Fischkrankheiten (29)
Fischtag (70)
Fischwaid (67)
Fleischstücke (28)
Fliege (19)
Fliegenbinden (72)

97

Sachwortregister für den praktischen Prüfungsteil

Fliegendose (71)
Fliegenfischer (7, 32)
Fliegenfischerei (70)
Fliegenfischerweste (71)
Fliegenlarve (28)
Fliegenmade (28)
Fliegenrute (33, 70)
Fliegenschnur (18)
Fliegenspray (57)
Fliegenvorfach (19)
Fliehkraftbremse (12, 16, 40)
Fliehkraftgewichte (16)
Fließgewässer (48)
Fließwasserpose (21)
Flocke (30)
Flucht (6)
Fluginsekt (32)
Forelle (30, 78)
Forellenregion (78)
Freilauf (15, 38)
Freilaufrolle (15)
Freilauftaste (39)
Freizeitbeschäftigung (6)
Friedfische (19)
Friedfischfang (26)
Frühjahrsmonat (27)
Führungsring (11)
Futter (36, 46)
Futterballen (48)
Futtermenge (48)
Futterneid (79)
Futterplatz (48)

Gaff (34)
Gaffhaken (34)
Gegenwind (37)
Gehäusebremse (12, 14)
Gehäuseplatte (12)
Gelenk (12)
Gemeinschaftsfischen (46)
Gerätebeherrschung (91)
Geräteindustrie (47)
Geruchsorgan (30)
Gesetzgeber (34)
Getreide (26)
Getreidekörner (29)
Getreidesorten (29)
Getriebe (14)
Gewässergrund (29, 47)

Gewässerordnung (34)
Gewässertiefe (21)
Gewürzblätter (73)
Gewürze (47)
Glasfiber (7)
Glas-/Kohlefaserrute (8)
Glas- oder Plastikperlen (21)
Glöckchen (22)
Glockensignal (22)
Gras (73)
Grille (28)
Größenskala (25)
Großfisch (33)
Grundangeln (54)
Grundblei (16)
Grundfischen (54, 60)
Grundkontakt (95)
Grundrute (60)
Grundsucher (s. auch Klapp-) (55)
Güster (46)
Güterabwägung der Berechtigung (29)
Gummikörperchen (33)
Gummistiefel (36)
Gummistopfen (9)
Gummizug (46)

Haar (6)
Hahnenfeder (71)
Haie (19)
Haken (6, 19, 21, 26, 36)
Hakenbogen (25)
Hakenhalter (10)
Hakenlösegerät (6)
Hakenlöser (35)
Hakenlösezange (35)
Hakenschenkel (25)
Hakenspitze (25)
Hakensysteme (28)
Haken, brüniert, vernickelt, vergoldet (26)
Halbautomatikrolle (13)
Hammerstiel (35)
Handangelmethode (6)
Handteil (9, 47)
Hanf (9)
Harneßhalter (16)
Hauptnahrungsquelle (26)
Hauptschnur (19)
Hauptschnur mit Schockvorfach (19)

Haushaltsetikett (57)
Hebelkraft (37)
Hechelspitze (71)
Hecht (30, 70, 78)
Hegene (55)
Hegemaßnahme (46)
Hegerische Leistung (s. auch unter L) (46)
Hegerische Maßnahme (s. auch unter M) (46)
Hemmung (13)
Herzstich (35, 54)
Heuschrecke (28)
Hohlglas (7)
Hohlglasruten (7)
Holz (7)
Holzrute (6, 7)
Holzspule (12)
Honig (29)
Honigaroma (48)
Hornhecht (95)
Hülse (8)
Hülsenverbindung (8)
Humusboden (27)
Hut (36, 71)
Hutmutter (38)

IGFA-
(International Game Fish Association) (8)
Industrie (62)
Insekten (26, 28)
Insektenlarven (26)

Jahresfischereischein (82)
Jig (33, 88)
Jungvögel (29)

Käfig (13)
Käse (30)
Käsewürfel (30)
Kampfbremse (14)
Kapselrolle (15)
Karpfen (30)
Karpfen-/Anti-Tangle-Blei (24)
Karpfenfamilie (70)
Kartoffel (26, 29)
Kartoffelschale (29)
Kaufdatum (57)
Keimling (29)
Keramikring (11)
Kescher (6)
Kieferverletzung (35)

Klappgrundsucher (55)
Klappspannfeder (10)
Klapprollenhalter (10)
Kleber (11)
Kleie (47)
Kleinfische (46)
Kleinstfischschwarm (79)
Klemmrollenhalter (9)
Klemmschere (35)
Klinge, biegsam (54)
Klippschnurhalter (14)
Knarre (14)
Knebelhaken (25)
Knickgelenk (36)
Knicklicht (22)
Knoten (19, 33)
Knotenfestigkeit (18)
Köder (16, 26)
Köderdose (36)
Köderfisch, lebend (29)
Köderfisch, tot (61)
Köderführung (88)
Köderkugel (30)
Ködernadel (29, 35)
Köder, künstlich (30)
Köder, natürlich (26)
Köderteig (30)
Köhler (33)
Körbchenanfütterer (61)
Körperwärme (9)
Kohlefaser (8)
Kohlefaserrute (8, 68)
Kohl- und Gemüse-felder (27)
Kombinationen (6)
Kontakt (22)
Kontermutter (10)
Konterteil (10)
Kopfbremse (14)
Kopfleuchte (36)
Kork (9)
Korkhandteil (9)
Krabbe (82)
Kraftübertragung (40)
Krake (94)
Krankheitsüberträger (47)
Kräutergeschmack (73)
Krautblinker (31)
Krebs (82, 94)
Kriechtiere (29)
Kuchenmehl (47)
Kühlakku (95)

Kühl-Element (73)
Kühlschrank (30)
Kühltasche (95)
Küstenfischerei-
ordnung (82)
Kugellager (14)
Kugellagerseewirbel
(25)
Kummerow, Walter
(20)
Kunstköder (16)
Kunstköderverlust (91)
Kunststoff (9)
Kunststoffköder (32, 79)
Kunststoffummante-
lung (19)
Kurbel (13, 14)
Kurbelbewegung (73)
Kurbelumdrehung (12)
Kutter (88)
Kutterangeln (89)
Kutterfahrzeit (85)

Lachsfliege (72)
Laichwanderung (72)
Lametta (94)
Lampe (36)
Landung (8)
Landungshilfen
(Kescher, Gaff, Taylor)
(34)
Laubregenwurm (27)
Laubwurm (27)
Lederumwickelung (9)
Leibeshöhle (73)
Leichtmetall (13)
Leitring (11)
Leng (33)
Leuchtdiode (22)
Leuchtknickstäbchen
(82)
Leuchtpose (22)
Liftmethode (56)
Limerick-Form (26)
Lippenstift (78)
Lippschnur (84)
Löffel (31)

Made der Schmeiß-
fliege (28)
Magen-Darmkanal (28)
Magensack (67)
Magnesium (13)
Magnetkontrollhebel
(38)

Mais (29)
Maismehl (47)
Maisschrot (47)
Makrelenblut (95)
Makrelenruten (94)
Makrelensysteme
(26, 94)
Makrelenvorfach (94)
Marlin (34)
Maßband (34)
Maßnahme, hegerisch
(s. auch unter H) (66)
Matchrute (9)
Meeresangeln mit der
Makrelenrute (94)
Meeresfische (82)
Meereskunstköder (33)
Meerestreibabschnitte
(89)
Mehrfachwirbel (25)
Messer (30)
Messing (11)
Messingachse (12)
Messinghülse (7)
Meß- und
Betäubungsgerät (35)
Metall (9)
Metallring (9)
Metall, verchromt (25)
Mischglasrute (8)
Mißtrauen (56)
Mistwurm (27)
Montage, feststehend
(21)
Moosgummigriff (9)
Mormischka (55)
Multiplikatorrolle (6, 12)
Multirolle (12)
Muschelfleisch (82)
Muskelkontraktion (27)
Mutter (10)

Nachführbremse (14)
Nachhirn (35)
Nachläufer (79)
Nachtangler (22)
Nahrungserwerb (6)
Nasenköderung
(29, 66)
Nasenloch (67)
Naßfliege (26, 32, 71)
Naturmaterial (9)
Netzsack (34)
Nord- und Ostsee (88)
Nordseeküste (94)

Nottinghamrolle (12)
Nylonkern (18)
Nylonschnur (17)
Nymphe (32, 71)
Nymphenstadium (32)

Oberhäutchen (28)
Öhr (20, 25)
Öhrhaken (19, 25)
Öl (29)
Öse (19)
Olivenblei (21)
Oliven- und Kugelblei
(24)

Paniermehl (47)
Paladin-Attractor-
Vorfach (79)
Parallelschnur (18)
Parallelverlegung (16)
Peitsche (40)
Peitscheneffekt (43)
Peitschenknall (43)
Pendel- oder Unter-
armwurf (37)
Perlenmontage (56)
„Perückenbildung"
(12, 16)
Pflanzenköder (26)
Pilkbewegung (90)
Pilker (90)
Pilk- und Brandungs-
rute (8)
Pilot (21)
„Pinkies"-Maden (47)
Pistolengriffrute (9)
Plastik (9)
Plastikgerätekasten (36)
Plastikimitation (94)
Plastikkoffer (36)
Plastikschachtel (36)
Plastikwanne (36)
Plättchenhaken (20, 25)
Plattfisch (82)
Platte (25)
Pollack (95)
Porzellan (11)
Pose (16, 21)
Posendemontage (21)
Posengummi (21, 46)
Preisfischen (46)
Pumpen (90)

Quiver- oder Bibber-
spitze (22)

Rachenraum (67)
Rachensperre (35)
Rapfen (30, 78)
Rapfenblei (32)
Ratgeber (67)
Raubfischfang (26)
Raubfischrute (67)
Reeling (90)
Regenbekleidung (36)
Regenbogenforelle (70)
Regenmantel (36)
Regenwasser (83)
Reibungswiderstand
(15)
Reizstoffe (47)
Renke (55)
Revieranspruch (79)
Revolvergriffrute (78)
Rezept (47)
Ring (11)
Ringeinlage (11)
Ringfuß (11)
Ringgerüst (11)
Ringgerüstbauweise
(11)
Rohling (9)
Rohrkörbchen (73)
Rolle (Wende-, Statio-
när-, Multiplikator-)
(12-16)
Rollenhalter (9)
Rollenfuß (13)
Rollenring (11)
Rollenrotor (14)
Rollenschuh (10)
Rollensteg (14)
Rollwurf (42)
Roßhaar (17)
Rotauge (46)
Rotfeder (26)
Rotor (14)
Rückenstacheln (95)
Rücklaufsperre (14)
Rundbogenhaken (26)
Rute (Ein- oder Zwei-
hand) (37)
Rute, gespließt (7)
Rute, parabolisch (8)
Rute, semiparabolisch
(8)
Rute, unberingt (46)
Rutenblank (11)
Rutenfutteral (36)
Rutenhalter (35)
Rutenspitze (39)

Sachwortregister für den praktischen Prüfungsteil

Saibling (70)
Saisonbeginn (27)
Salmoniden (32)
Salzwasser (17)
Salzwasserkristalle (25)
Sandstrand (82)
Sargblei (24)
Schaft (20)
Schaftknoten (20)
Scharnier (35)
Scheibenrollenhalter (12)
Schiebebremse (16)
Schlagschnur (84)
Schlamm (60)
Schlammröhrenwurm (26)
Schlaufe (84)
Schlaufenknoten (20)
Schleifstein (6)
Schleppgeschwindigkeit (33)
Schleppköder (33)
Schlepp- und Hochseefischen (16)
Schmeißfliege (28, 47)
Schnellauslösesystem (78)
Schnur (8, 17, 18)
Schnurbahn (47)
Schnureigenschaft (18)
Schnurfangbügel (14, 15)
Schnurform (18)
Schnurfreigabe (37)
Schnurführer (16)
Schnurgewicht (18)
Schnurlauflöllchen (14)
Schnurstärke (57)
Schnur, verkürzt (49)
Schnurverschleiß (78)
Schockvorfach (19)
Schokolade (47)
Schonausführung (35)
Schonhaken (26)
Schonmaß (34)
Schonzeit (34)
Schraubgewinde (9)
Schraubrollenhalter (10)
Schrotblei (21, 23)
Schwanzschlinge (34)
Schwanzwurzel (34)
Schwarm (48)
Schwerttragende Fischarten (33)
(s. auch unter F)

Schwimmbewegung (88)
Schwimmer (21)
Schwimmkraft (6)
Schwingspitze/Winkelpicker (22, 23, 62)
Schwingspitzenendring (62)
Seeringelwurm (82)
Seesaibling (55)
Seeskorpion (82)
Segment (7)
Seidenschnur (17)
Seitenwurf, links (37)
Seitenwurf, rechts (37)
SIC-Ringe (11)
Sicherheitskarabinerwirbel (25)
Sicherheitsnadel (25)
Sicherheitsnadeltrick (78)
Sicherheitsschlaufe (20)
Signalton (22)
Silberfolienstreifen (79)
Silberpapier (22)
Silberpapierstreifen (22, 61)
Silhouette (36)
Silikonbasis (57)
Silikonspray (71)
SIMPL (19, 20, 25)
Sitzkiepe (35)
Spannring (55)
Spaten- und Grabgabelmethode (27)
Sperren (14)
Spezialkleber (62)
(to) spin (31)
Spinnangler (15)
Spinnenbeine (24)
Spinnenbeinblei (24)
Spinnenbeinring (11)
Spinner (31)
Spinnerblatt (31)
Spinnerkörper (31)
Spinnrute, leicht (78)
Spinnrute, schwer (78)
Spiralanfütterer (61)
Spitzenaktion (8)
Spließe (7)
Sportfischer (46)
Sportfischer-Prüfung (6)
Sprengring (31)
Springer (88)
Sprock (28)

Spülmittel (57)
Spule (6)
Spule, innenliegend (15)
Spule, Petticoat- (15)
Spule, überlappend (15)
Spulenachse (12)
Spulenlippe (15)
Spulentypen (15)
Spulenumdrehung (12)
Stachelschweinborste (21)
Stahl (11)
Stahlfaden (19)
Stahlvorfach (19)
Standardmakrelenvorfach (94)
Standardversion (70)
Stanniol (33)
Stationärrolle (12)
Stechmücke, schwarz (32)
Steckrute (7)
Steckrutenring (11)
Stehaufblei (24)
Steinfliegenlarve (28)
Stern- und Schiebebremse (16)
Stift- oder Catherinenblei (24)
Stillwasserpose (21)
Stippangelei, schwer (54)
Stippfischerei, leicht (54)
Stipprute, unberingt (37)
Stöcker (95)
Stopper (21)
Stopperknoten (21)
Streamer (72)
Strömung (24)
Substratmischung (27)
Süßwasser (17)

Tailor (34)
Tauchschaufel (31, 32, 79)
Tauwurm (27)
Teig (30)
Teilung (7)
„Telefondraht-Effekt" (71)
Teleskoprute (7, 11)

Teleskoprutenring (11)
Textil- und Gummistopper (21)
Thermoskanne (29)
Thunfischfamilie (33)
Tiefkühlfach (30)
Tiefkühltrick (30)
Tierdarm (17)
Tierschutzgesetz (37, 66)
Tintenfisch (33)
Tintenfischimitation (33)
Tiroler Hölzchen (60)
Titan (13, 15)
Tönnchenwirbel (25)
Tonkin (7)
Ton- und Lichtsignal (62)
Tragkraft (17, 18)
Tragkraftverlust (19)
Transport- und Aufbewahrungsbehälter (35)
Traubenzucker (47)
Treibrichtung (89)
Trennlinie (46)
Trickwurf (42)
Trockeneis (95)
Trockenfliege (26, 32, 71)
Trockenfutter (48)
Tropfenblei (23)
Tropfenform (83)
Tube (11)
Tubenring (11)
Tubifex (26)
„Tunken" (48)
T-Wirbel (25)
Twister und Shaker (32)

Überbestand (46)
Überdehnung (18)
Überkopfwurf (37)
Übersetzung (12)
Übersteckverbindung (8)
Ufer (60)
Umhängetasche (36)
Universalfutter (47)
Unterarmwurf (s. auch Pendel-) (37)
Unterfangkescher (34, 36)
Unterkieferknochen (34)
Unterwasserhindernis (32)
UV-Licht (17)

100

Literaturverzeichnis für den praktischen Prüfungsteil

Vanille (47)
Verangeln (28)
Verbände (Richtlinien) (46)
Verbindung (8)
Verdrallen (78)
Verpuppen (32)
Verpuppungsstadium (28)
Verschleiß (21)
Verwinden (78)
Vollglas (7)
Vollglasruten (7)
Vorfach (18, 19, 70)
Vorfach, geflochten (70)
Vorfach, geknüpft (70)
Vorfachetui (71)
Vorschnur (19)

Waid- und Fischgerechtigkeit (70)
WAKU-Tester (18)
Waller (78)
Wasserinsekten (70)
Wasseroberfläche (30)
Wasserpflanze (26)
Wasserkugel (30)
Wasserwiderstand (57)
Wathose (71)
Watstiefel (71)
Watte (30)
Wattwurm (82)
Wegerich (73)
Weide- oder Bambuskörbchen (36)
Weight Forward (WF) (18)
Weitwurfspule (15)
Weizen (29)
Wellen (85)
Wenderolle (12)
Wende-, Stationär- u. Multiplikatorrolle (12)
Weinkorken (55)
Weißfische (46)
Weißfischüberbestand (46)
Wickelblei (23)
Widerhaken (25)
Windschild (63)
Windstärke (88)
Winkelpicker (22, 23)
Winkelsperre (66)
Wirbel (20)
Wirbeltier (35)

Wittling (88)
Wobbler (26)
(to) wobble (31)
Würfelzucker (56)
Wurfablauf (43)
Wurfblei (24)
Wurfdistanz (37)
Wurfeigenschaft (6)
Wurftechnik (39)
Wurf (Überkopf-) (37)
Wurm (26)

Zander (78)
Zapfenverbindung (8)
Zauberknoten (56)
Zeigefinger (37)
Zeitungspapier (30)
Zootiere (46)
Zubehör, notwendig (34)
Zubehör, nützlich (35)
Zucker (29)
Zuckmückenlarve (47)
Zwei-Komponenten Acryllack (11)
Zweistegkonstruktion (11)
Zwieback (30)
Zwillings-, Drillings-, Vierlingshaken (26)

„Die Angelschnur im Test"
Walter Kummerow
Ingenieurbüro Kummerow
Postfach 31 07 66, 10637 Berlin

„Futtertierzuchten"
Friedrich / Volland
Ulmer Verlag GmbH & Co
Wollgrasweg 41, 70599 Stuttgart
ISBN 3-8001-7065-5

„Auf Haie und Großfische in allen Weltmeeren"
Kuno Sch. Steuben
Verlag Paul Parey
ISBN 3-490-12714-5

„Zwanzig Fliegenmuster reichen aus"
Jean-Paul Metz, Horst Kretschmer, Rudi Rubel
Verlag J. Schück, Nürnberg

Notizen

Der Sportfischer

NEU jetzt auch mit theoretischem Prüfungsteil!

Theoretischer Prüfungsteil
Einführung

Schon kurz nach dem ersten Erscheinen des "Sportfischers" wurde von vielen Seiten die Bitte an uns herangetragen, auch einen theoretischen Teil mitzuliefern. Heute freuen wir uns, diesen Wunsch erfüllen zu können. Aus den Bereichen:

1. Allgemeine Fischkunde
2. Spezielle Fischkunde
3. Gewässerkunde, Fischhege, Natur- und Tierschutz
4. Gerätekunde

haben wir für Sie alle wichtigen Fragen zu diesen Themen herausgearbeitet und beantwortet. Die verschiedenen Fragen und Antworten der einzelnen Bundesländer spiegeln sich in dieser Zusammenstellung. Als Beispiel hierfür ist eine Frage aus der allgemeinen Fischkunde aufgeführt:

Frage:

Was ist ein Rogner?

Mögliche Antworten:
 a. Ein geschlechtsreifer, weiblicher Fisch
 b. Ein geschlechtsreifer, männlicher Fisch
 c. Ein nicht geschlechtsreifer Fisch

Die richtige Antwort ist a:
Ein Rogner ist ein geschlechtsreifer, weiblicher Fisch. Die korrekte Bezeichnung für Fischlaich ist Rogen.

Diese, wie nahezu alle anderen Fragen finden sich in der gleichen oder ähnlichen Form (z. B.: Wie nennt man einen geschlechtsreifen, weiblichen Fisch?) in den verschiedenen Bundesländern wieder.

Leider ist dieses System nicht für den letzten Teil der Prüfung möglich - das Fischereirecht. Dieses Recht ist reines Länderrecht und kann daher von Land zu Land abweichen. Deshalb möchten wir Ihnen in diesem Punkt dazu raten, sich intensiv innerhalb Ihres Vorbereitungskurses oder autodidaktisch mit entsprechender Lektüre zu beschäftigen.

Das einzelne Landesfischereigesetz gibt es in Ihrer Buchhandlung oder Hinweise hierzu von der Unteren Fischereibehörde in Ihrer Gemeinde.

Für Ihr Studium wünschen wir Ihnen genügend Zeit und auch den entsprechenden Spaß. In der Überzeugung, Ihnen soviel Steine wie möglich aus dem Weg geräumt zu haben, wünschen wir Ihnen für Ihre Prüfung Glück und einen erfolgreichen Abschluß.

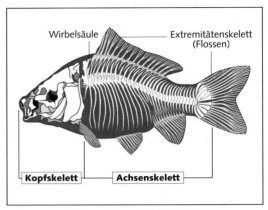

Allgemeiner Skelettaufbau der Wirbelfische

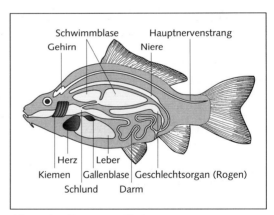

Allgemeine Organe von Fischen

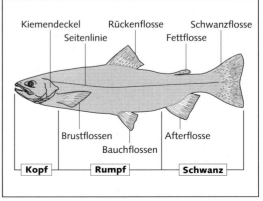

Äußere Erkennungsmerkmale zur Fischbestimmung

Allgemeine Fischkunde

Woran läßt sich das ungefähre Alter eines Fisches feststellen?

    a. An der Größe der Flosse
    b. An Schuppen und Kiemendeckel
    c. Am Unterschied von Auge zu Maulspalt

Die richtige Antwort ist b:
Das Zirka-Alter eines Fisches ist an den Schuppen bzw. dem Kiemendeckel festzustellen. Es bilden sich hier im Laufe des Fischlebens unterschiedlich starke Schuppenschichten, welche dem Wachstum und der Nahrungsaufnahme entsprechen; also im Sommer bei guter Nahrungsaufnahme weite Ringe, im Winter bei knapper Nahrungsaufnahme und langsamem Wachstum kurze Ringe. Mit dem Kiemendeckel verhält es sich ähnlich. Dieses ist sehr nützlich bei Fischen ohne Schuppen.

Womit atmen Fische?

    a. Mit der Schwimmblase
    b. Mit den Muskeln
    c. Mit den Kiemen

Die richtige Antwort ist c:
Die Kiemen der Fische entsprechen den Lungen bei Säugetieren. Diese paarigen Organe, links und rechts am Fischkopf unter den Kiemendeckeln verborgen, nehmen Sauerstoff aus dem Wasser auf und geben Kohlensäure an das Wasser ab.

Welches Organ ist für die Ausscheidung flüssiger Abfallstoffe notwendig?

    a. Die Nieren
    b. Der Magen
    c. Die Galle

Die richtige Antwort ist a:
Fische scheiden mit Hilfe der Niere gelöste Abfallstoffe aus. Dieses Organ liegt paarig als langer Streifen unter dem Rückenmark in der Körperhöhle und regelt den Wasserhaushalt des Körpers. Im Meerwasser entsteht dabei Flüssigkeitsbedarf, im Süßwasser Flüssigkeitsüberschuß. Dementsprechend wird von der Niere im Süßwasser überschüssiges Wasser und bei Meeresfischen überschüssiges Salz abgegeben.

Welche Umstände begünstigen bakterielle Infektionen, wie z. B. Fleckenseuche, Furunkulose etc.?

    a. Nicht sinnvoller Fischbesatz
    b. Stark organisch belastete Gewässer
    c. Keine äußeren Faktoren

Die richtige Antwort ist b:
Organisch belastete Einleitungen sind idealer Nährboden für Bakterien und Krankheitserreger. Bakterielle Infektionen treten nachgewiesenermaßen in organisch belasteten Gewässern weit häufiger auf als in sauberen Gewässern.

Welche Fischart ist am häufigsten von der Bauchwassersucht befallen?

    a. Karpfen
    b. Forelle
    c. Zander

Die richtige Antwort ist a:
Am häufigsten befällt die Bauchwassersucht den Karpfen. Durch diese Krankheit kann ein hoher wirtschaftlicher Schaden hervorgerufen werden. Da die Krankheit infektiös ist, sind Tiere in dicht besetzten Teichen besonders gefährdet. In Wildgewässern werden die von der Bauchwassersucht geschwächten Tiere leicht eine Beute von Raubfischen. Diese natürliche Auslese fehlt in Zuchtteichen.

Wozu dient der Dottersack bei frischgeschlüpften Fischen?

    a. Er ist ohne jegliche Bedeutung
    b. Er dient zur Ernährung
    c. Er verhindert, daß die jungen Fische fortgespült werden

Die richtige Antwort ist b:
Frischgeschlüpfte Fische sind noch nicht freßfähig. Diesen ersten Lebensabschnitt überwindet das kleine Fischchen mit Hilfe des Dottersacks, welcher ihm die notwendige Nahrung gibt, bis er frei schwimmt und zum ersten Mal selbständig Nahrung aufnimmt.

An welchen Symptomen erkennt man die Drehkrankheit bei Forellen?

    a. Die Haut ist mit weißen Pünktchen befallen
    b. Die Kiemen des Fisches sind durchlöchert
    c. Fische zeigen häufig Verkrüppelungen und Dunkelfärbung des Schwanzteiles

Die richtige Antwort ist c:
Ein deutliches Zeichen für die gefürchtete Drehkrankheit bei Forellen ist die Dunkelfärbung der Schwanzpartie und Mißbildung an Rückgrat und Kopf. Der Erreger stört das Gleichgewichtsvermögen des Fisches. Die Fische schwimmen bis zur totalen Erschöpfung im Kreis. Eine Überlebenschance ist sehr gering.

Allgemeine Fischkunde

Was verursachte die Drehbewegungen bei mit Drehkrankheit infizierten Fischen?

a. Der Fisch versucht damit Parasiten abzustreifen
b. Abgekapselte Sporen im Gleichgewichtsorgan
c. Der befallene Fisch ist müde

Die richtige Antwort ist b:
Die gefürchtete Drehkrankheit bei Salmoniden wird durch Sporen hervorgerufen. Diese gelangen durch den Darm und den Blutkreislauf auch in das Gleichgewichtsorgan der Fische. Die Drehkrankheit zählt zu einer der gefürchtetsten Seuchen in Zuchtanstalten. Nur wenige Tiere überleben diese Krankheit mit verkrüppelten Kiefern und verkümmerten Kiemendeckeln. Eine weitere Gefahr geht von der großen Langlebigkeit der Sporen aus. Diese können bis zu 15 Jahre im Schlamm eines Gewässers infektiös bleiben.

Zu welcher Familie gehört der Ergasilus?

a. Zu den Würmern
b. Zu den Bakterien
c. Zu den Krebsen

Die richtige Antwort ist c:
Ergasilus und Karpfenlaus zählen zur Familie der Kleinkrebse. An den vorderen Gliedmaßen kann man deutlich die Ähnlichkeit zu den Krebsen beim Ergasilus erkennen.

Wo parasitiert der Ergasilus beim Fisch?

a. In der Galle
b. An den Flossen
c. Auf den Kiemen

Die richtige Antwort ist c:
Der Ergasilus ist ein Kleinkrebs wie die Karpfenlaus und ernährt sich wie diese von Blut. Mit großer Vorliebe setzt er sich an den Kiemen besonders von Schleien fest, aber auch alle anderen Fische können von ihm befallen werden. Der längliche weiße Parasit ist mit bloßem Auge gut zu erkennen.

Als was kann man die Fettflosse für bestimmte Fische heranziehen?

a. Zur Artbestimmung
b. Zur Gewichtsbestimmung
c. Zur Geschlechtsbestimmung

Die richtige Antwort ist a:
Ein typisches Erkennungsmerkmal der meisten Salmoniden ist die Fettflosse. Sie dient dem Angler zur Bestimmung der Art.

Welche der meisten Fischarten beherbergt unsere Fischfauna?

a. Die Barschartigen
b. Die Salmoniden
c. Die Weißfische

Die richtige Antwort ist c:
Zu den Weißfischen (Cypriniden / Karpfenartige) gehören nahezu 40 % aller Fischarten unserer einheimischen Gewässer.

Wieviele Fischarten gibt es in Deutschland?

a. 40 Arten
b. 80 Arten
c. 100 Arten

Die richtige Antwort ist b:
Es gibt in Deutschland ca. 80 verschiedene Fischarten. Nicht alle davon sind wirtschaftlich interessant, haben aber ihren wichtigen Stellenwert im Kreislauf des Gewässers.

Wo befallen Fischegel ihre Wirte?

a. Auf dem Körper
b. Im Körper
c. Im Schlund

Die richtige Antwort ist a:
Der Fischegel setzt sich am Körper seines Wirtes fest und saugt dort Blut. Andere Egel sind der Pferdeegel und der Blutegel. Der letztere parasitiert an Säugetieren, der Pferdeegel ernährt sich von Kleinlebewesen und dient auch als guter Köder zum Fang von Fischen.

Ist die Entwicklung der Fischeier temperaturabhängig?

a. Nein
b. Ja
c. Nur bei den Cypriniden

Die richtige Antwort ist b:
Die Entwicklung aller befruchteten Fischeier ist abhängig von der Wassertemperatur. Die Entwicklung verläuft schneller, wenn die Wassertemperatur höher ist. Dies gilt natürlich nur bis zur Idealtemperatur, welche von Fischart zu Fischart schwankt. Wird diese Idealtemperatur überschritten oder nicht erreicht, ist die Entwicklung der Eier gehemmt und dauert länger. Extreme Abweichung kann zur Zerstörung der Eier führen.

Zu welcher Fischfamilie gehören Haie und Rochen?

a. Zu den Kieferlosen (Rundmäuler)
b. Zu den Knochenfischen
c. Zu den Knorpelfischen

Die richtige Antwort ist c:
Haie und Rochen besitzen kein Knochengerüst und gehören daher zu den Knorpelfischen. Die meisten unserer Süßwasserfische sind Knochenfische. Ausnahme sind die Neunaugen, welche zu den Rundmäulern gezählt werden. Eine Ausnahmestellung nimmt auch der Stör ein, bei dem das Skelett zum Teil knorpelig, aber auch knochig ausgebildet ist.

Woran erkennt man ein durch Abwässer hervorgerufenes Fischsterben?

a. Alle Lebewesen im Wasser werden in kurzer Zeit vernichtet
b. Das Sterben von Fischen erstreckt sich nur auf den Uferbereich des Gewässers
c. Der Tod von Fischen verläuft schleichend und betrifft nur bestimmte Arten

Die richtige Antwort ist a:
Giftige Abwässer im Gewässer haben eine verheerende Auswirkung. Im allgemeinen sind alle Lebewesen davon betroffen, und der Tod tritt in kurzer Zeit ein.

Woran erkennt man ein durch Krankheit hervorgerufenes Fischsterben?

a. Alle Fische sterben im Gewässer in kurzer Zeit
b. Das Sterben verläuft langsam und erfaßt nur bestimmte Fischarten
c. Fische sterben nur am Ufer des Gewässers

Die richtige Antwort ist b:
Durch Krankheit bestimmtes Fischsterben erkennt man an seinem schleichenden Verlauf und an der Art der betroffenen Fische, die miteinander verwandt sind.

Bei welchen Fischen tritt die Fleckenseuche hauptsächlich auf?

a. Barsch und Zander
b. Forellen und Äschen
c. Hechte und Aale

Die richtige Antwort ist c:
Nicht nur Cypriniden erkranken an der Fleckenseuche, auch Hechte werden während der Laichzeit von den Bakterien, die die Fleckenseuche verursachen, befallen. Dabei wird diese Krankheit beim Hecht auch als Hechtpest bezeichnet. Beim Aal wird diese Infektionskrankheit Rotseuche genannt, da große Hautpartien rote Fleckungen aufweisen und die Flossen teilweise bluten.

Welche Rückschlüsse läßt eine starke Flüssigkeitsansammlung in der Leibeshöhle eines Karpfens zu?

a. Keine. Das ist normal
b. Der Fisch hat eine Nierenkrankheit
c. Der Fisch leidet an Bauchwassersucht

Die richtige Antwort ist c:
Ein typisches Zeichen für die Bauchwassersucht bei karpfenartigen Fischen ist der aufgeschwemmte Bauch. Diese Krankheit ist stark ansteckend und daher besonders gefährlich für den Fischbestand. Weitere typische Erkennungsmerkmale dieser Krankheit sind: ausgestülpter After, Rötung und Geschwüre an Haut und Flossen sowie blasse Kiemen.

Was sind die typischen Symptome der Forellenseuche?

a. Der erkrankte Fisch hat Glotzaugen, blutarme Kiemen und kommaförmige Blutergüsse in der Muskulatur
b. Der Fisch ist mit pilzigen Stellen befallen
c. Die Schwanzpartie ist dunkel gefärbt und das Rückgrat z.T. verkrümmt

Die richtige Antwort ist a:
Die Forellenseuche ist eine sehr ansteckende und in den meisten Fällen tödlich verlaufende Viruserkrankung. Deutliche Kennzeichen sind die blutleeren Kiemen und die Glotzaugen. Bei genauer Obduktion stellt man kommaförmige Blutergüsse in der Muskulatur fest.

Was ist ein geschlechtsreifer weiblicher Fisch?

a. Ein Rogner
b. Ein Fingerling
c. Ein Salmonide

Die richtige Antwort ist a:
Der korrekte Name für einen geschlechtsreifen weiblichen Fisch ist Rogner. Fischlaich bezeichnet man als Rogen.

Allgemeine Fischkunde

Wo liegt das Herz bei Fischen?

a. Zwischen Bauch und Brustflosse
b. Zwischen Kiemendeckel und Brustflosse
c. In der Kehlgegend

Die richtige Antwort ist c:
Das Herz sitzt in der Kehlgegend genau zwischen dem "V", welches die Kiemenbögen an dieser Stelle bilden. Die Information über die genaue Lage des Herzes ist für Angler besonders wichtig, da zum waidgerechten Töten eines Fisches der Herzstich angewandt werden muß.

Können Fische hören?

a. Ja
b. Nein
c. Nur unter bestimmten Bedingungen

Die richtige Antwort ist a:
Wasser als Medium leitet Schall besonders gut. Fische können daher ausgezeichnet hören.

Wodurch können Fische hören?

a. Über die Seitenlinien
b. Durch den inneren Gehörgang
c. Durch den äußeren Gehörgang

Die richtige Antwort ist b:
Fische können mit ihrem inneren Gehörgang ausgezeichnet Schallwellen wahrnehmen. Dabei verfügen einige Fische über die Möglichkeit, die Schwimmblase als Resonanzkörper zum Hören mit einzusetzen.

Wozu gehört die Karpfenlaus?

a. Zu den Krebsen
b. Zu den Läusen
c. Zu den Wasserinsekten

Die richtige Antwort ist a:
Die Karpfenlaus ist ein kleiner Krebs, welcher an den zarten Stellen der Fischhaut parasitiert. Er befällt neben allen Cypriniden auch andere Fische. Dabei kann es durch die Verletzung der Schleimhaut zum Eindringen von Krankheitskeimen kommen.

Wo parasitiert die Karpfenlaus?

a Auf den Kiemen
b. In der Schwimmblase
c. An den Flossenansätzen

Die richtige Antwort ist c:
Die Karpfenlaus bevorzugt als Außenparasit zarte, gut durchblutete Hautstellen, z. B. Flossenansätze und Bauchseite.

Welche Körperform hat ein Brassen?

a. Hochrückig
b. Pfeilförmig
c. Spindelförmig

Die richtige Antwort ist a:
Brassen haben eine auffällig hochrückige Körperform. Sie sind einer der bekanntesten Vertreter in der Weißfischfamilie. Pfeilförmig dagegen ist der Hecht; eine typische Spindelform haben die meisten Salmoniden.

Welche Aufgabe erfüllt die Leber bei den Fischen?

a. Sie steuert den Geschlechtstrieb
b. Sie ist die größte Verdauungsdrüse
c. Sie ist zuständig für das Hungergefühl

Die richtige Antwort ist b:
Die gesunde Leber der Fische hat eine braunrote/dunkelrote Färbung. Sie ist die größte Verdauungsdrüse. Die Fermente der Bauchspeicheldrüse zusammen mit dem produzierten Gallenstoff verarbeiten die Fettbestandteile der Nahrung. Wie bei allen Wirbeltieren wird das mit Nährstoff angereicherte Blut durch die Leber geleitet. In der Leber werden die Nährstoffe von den giftigen Bestandteilen getrennt und die Nährstoffe entsprechend den Bedürfnissen des eigenen Körpers angepaßt. Das ist die Hauptaufgabe der Leber.

Welche Bedeutung hat es, wenn Fische knapp unter der Wasseroberfläche stehen und ihr Maul dabei herausstülpen?

a. Sie sind neugierig
b. Das Wasser ist zu kalt
c. Das Wasser hat nicht genügend Sauerstoff

Die richtige Antwort ist c:
Wassertemperatur und Algenvorkommen haben einen wesentlichen Einfluß auf dessen Sauerstoffgehalt. Ist das Wasser zu warm bzw. gibt es eine Algenblüte, sinkt dieser Sauerstoffgehalt rapide. Bei zu geringem Sauerstoffgehalt des Wassers versucht daher der Fisch, zusätzlichen Sauerstoff über das Maul aus der Luft aufzunehmen. Mit dieser Methode kann sich ein Fisch über einen begrenzten Zeitraum am Leben erhalten.

Wieso können Meeresfische nicht im Süßwasser leben?

a. Weil sie als Meeresfische an den Mineral- und Salzgehalt des Meeres gebunden sind
b. Der Sauerstoffgehalt des Süßwassers ist zu hoch
c. Sie finden nicht die entsprechende Nahrung und verhungern

Die richtige Antwort ist a:
Alle Meeresfische sind an den Salz- und Mineralstoffgehalt des Meerwassers gebunden. Der Salzgehalt des Körpers ist geringer als der des Meerwassers. Das salzhaltige Meerwasser bindet Wasser aus dem Fischkörper, welches laufend abgegeben wird. Zum Ausgleich dieses Flüssigkeitsverlustes müssen Salzwasserfische ständig trinken. Mit Hilfe der Nieren filtern sie das Meerwasser und scheiden die zu hohe Salzkonzentration aus.

Umgekehrt wäre es, wenn nun ein Meeresfisch sich im Süßwasser aufhält. Dann ist der Körpersalzgehalt zu hoch. Ein Flüssigkeitsverlust wie im Meer findet nicht statt, sondern die Zellen nehmen immer mehr und mehr Wasser auf, so daß der Fisch zuletzt total aufschwemmt und die Zellen platzen.

Achtung: Wanderfische zwischen Süß- und Salzwasser können sich auf die veränderten Bedingungen einstellen (Lachs, Meerforelle).

Was ist ein Milchner?

a. Eine Fischart
b. Ein geschlechtsreifer männlicher Fisch
c. Ein weißtrübes Gewässer

Die richtige Antwort ist b:
Die korrekte Bezeichnung für einen geschlechtsreifen männlichen Fisch ist Milchner. Der Samen von Fischen wird als Milch bezeichnet und befruchtet die Eier.

Welche Organismen stehen an der ersten Stelle in der Nahrungskette im Wasser?

a. Kleine Fische
b. Wasserpflanzen und Würmer
c. Wasserflöhe, Hüpferlinge, Plankton usw.

Die richtige Antwort ist c:
Plankton, Hüpferlinge und auch Wasserflöhe sind das erste Glied der Nahrungskette. Sie bestimmen die ganze Entwicklung des Gewässers. Ein natürliches Aufwachsen von Fischen ohne diese erste Nahrungskette ist nicht möglich.

In welchem Alter verwerten Fische ihre Nahrung am besten?

a. Alle Fische wachsen gleichmäßig
b. Jungfische sind am produktivsten
c. Sehr alte Fische verwerten ihre Nahrung am besten

Die richtige Antwort ist b:
Junge Fische sind die besten Nahrungsverwerter. Bei ihnen ist Gewichts- und Größenzunahme besonders groß. Je älter ein Fisch wird, um so schlechter verwertet er sein Futter.

Welche Rückschlüsse zieht man aus dem oberständigen Maul eines Fisches?

a. Er ist ein Laichräuber
b. Er gehört zu einer bestimmten Gattung
c. Er nimmt seine Nahrung im Oberflächenbereich auf

Die richtige Antwort ist c:
Fische mit oberständigem Maul sind typisch für die Nahrungsaufnahme an der Oberfläche des Wassers. Dabei ragt der Unterkiefer über den Oberkiefer hinaus. Typische Vertreter hierfür sind die Forellen, Saiblinge usw.

Welche Farbe haben die gesunden Organe eines Fisches?

a. Niere fransig, Leber gelb
b. Niere orange, Leber marmoriert
c. Niere dunkelrot, Leber dunkelrot

Die richtige Antwort ist c:
Dunkelrote Leber und Niere sind das sichere Erkennungsmerkmal für den gesunden Fisch. Dabei gibt es speziell bei der Leber große Farbunterschiede bei den einzelnen Fischarten. Ist die Leber aber gelblich oder marmoriert, zeigt dies immer eine akute Krankheit an. Dasselbe gilt für hell erscheinende und ausgefranste Nieren.

Welche Flosse ist beim Fisch paarig?

a. Die Afterflosse
b. Die Brustflosse
c. Die Fettflosse

Die richtige Antwort ist b:
Die Brustflossen und die Bauchflossen sind bei den

Allgemeine Fischkunde

Fischen paarig. Paarige Flossen dienen der Steuerung. Die Brustflossen sitzen unmittelbar hinter den Kiemen, die Bauchflossen an der Unterseite des Fisches zwischen Kehle und Afterflosse. Bei manchen Fischen, wie z. B. dem Aal, fehlt die Brustflosse.

Was sind Parasiten?

a. Wirtstiere, die ihren Wirten Nährstoffe liefern und dafür Schutz erhalten
b. Tiere, die anderen kurzfristig Nährstoffe entziehen, um sich zu vermehren
c. Schmarotzer, die andere Lebewesen befallen und ihnen Nährstoffe für den eigenen Lebensbedarf entziehen

Die richtige Antwort ist c:
Lebewesen, welche sich ausschließlich von anderen ernähren und diesen Nährstoffe entziehen, nennt man Schmarotzer/Parasiten. Dabei unterscheidet man zwischen Innen- und Außenparasiten. Wie es der Name schon sagt, leben Innenparasiten in den Körperhöhlen von Lebewesen; die Außenparasiten setzen sich an und saugen von dort Blut bzw. Pflanzensäfte.

Welche Parasiten leben auf dem Fisch?

a. Bandwürmer
b. Spulwürmer
c. Karpfenlaus und Fischegel

Die richtige Antwort ist c:
Karpfenlaus und Fischegel sind Hautparasiten und treten teilweise stark in verschlammten und verkrauteten Teichen auf. Bei allen Außenparasiten besteht die Gefahr des Eindringens von Krankheitserregern über die geschädigte Schleimhaut.

Welche der aufgeführten Tiere parasitieren im Inneren des Fisches?

a. Bandwürmer
b. Karpfenlaus
c. Fischegel

Die richtige Antwort ist a:
Bandwürmer parasitieren in Fischen und anderen Wirbeltieren. Erwachsene Würmer leben in den inneren Organen des Fisches oder als Larve im Fleisch. Roh verzehrt kann der Fisch deshalb als Zwischenwirt den sogenannten Fischbandwurm auf den Menschen übertragen. Dieser Bandwurm kann im Darm des Menschen eine Länge von über 10 m erreichen.

Wieso tritt der Riemenbandwurm bei großen Weißfischen nur sehr selten auf?

a. Große Fische sind immun gegen diese Parasiten
b. Große Weißfische nehmen in der Regel keine Cyclops-Arten (Hüpferlinge) als Nahrung auf
c. Der Riemenbandwurm kann nicht in großen Fischen leben

Die richtige Antwort ist c:
Eier und Larven des Riemenbandwurmes werden von Hüpferlingen gefressen. Diese dienen als Zwischenwirte. Diese Hüpferlinge aber sind der Haupternährungsbestandteil für kleine Fische. Über diesen Kreislauf gelangt die Larve des Riemenbandwurms in den Darm des Fisches. Werden Cypriniden (Weißfische) größer, ernähren sie sich in der Regel nicht mehr von diesen kleinen Futterbrocken und können daher nicht mehr befallen werden.

Wodurch kann der Fisch die Sauerstoffaufnahme erhöhen?

a. Durch stärkere Atembewegungen
b. Durch tiefes Tauchen
c. Durch ganz besonders ruhiges Verhalten

Die richtige Antwort ist a:
Je mehr Wasser an den Kiemen vorbeifließt, um so mehr Sauerstoff kann gegen Kohlendioxid ausgetauscht werden. Dazu ist es notwendig, daß der Fisch mit seinen Kiemendeckeln das Wasser verstärkt durch die Kiemen pumpt. Bei besonderen Anstrengungen und im sauerstoffarmen Wasser ist diese vermehrte Kiemendeckelpumpbewegung notwendig, um den Fisch mit ausreichend Sauerstoff zu versorgen.

Wozu dient die Schleimhaut bei Fischen?

a. Sie hält die Schuppen
b. Sie dient zum Schutz vor kaltem Wasser
c. Sie schützt den Fisch gegen äußere Einflüsse und vermindert den Reibungswiderstand beim Schwimmen

Die richtige Antwort ist c:
Die Schleimhaut schützt den Fisch zuverlässig vor äußeren Einflüssen, und gleichzeitig erlaubt sie dem Fisch - wegen des geringeren Reibungswiderstandes - schneller zu schwimmen. Die Schleimhaut wird von zarten Zellen, welche in der Oberhaut des Fisches sitzen, produziert.

Welche Fische haben Schlundzähne?

a. Hecht und Barsch
b. Karpfen und Brassen
c. Wels und Dorsch

Die richtige Antwort ist b:
Alle Fische aus der Karpfenfamilie (Cypriniden) haben Schlundzähne. Die Schlundzähne, welche auf dem fünften Paar der Kiemenbögen sitzen, dienen zum Zerkauen der Beute, z. B. Schnecken, Muscheln, Köcherfliegen etc. Der Ober- und Unterkiefer ist bei Cypriniden nicht bezahnt.

Wozu dient die Schwimmblase?

a. Für die Atmung
b. Für die Feststellung der Wassertemperatur
c. Als Auftriebskörper

Die richtige Antwort ist c:
Die Schwimmblase ist ein Auftriebskörper, welcher das Gewicht des Fisches seinem Lebensraum anpaßt. Damit ist er in der Lage, regungslos im Wasser zu stehen oder auf den Grund zu sinken bzw. an die Oberfläche zu steigen. Fische ohne Schwimmblase sind meistens Grundfische, wie der Aal, oder müssen sich ständig in Bewegung halten, wie der Hai.

Können Fische außerhalb des Wassers Gegenstände sehen?

a. Nein
b. Ja, besonders deutlich
c. Ja, aber nur mit kleinerem Gesichtsfeld

Die richtige Antwort ist c:
Durch die Lichtbrechung der Wasseroberfläche wird das Sehvermögen des Fisches eingeschränkt. Dem Fisch ist es nicht möglich, Gegenstände, die einen flachen Winkel zur Oberfläche des Wassers bilden, zu erkennen.

Welche Flossen dienen der Steuerung?

a. Die Schwanzflosse
b. Die Brust- und Bauchflossen
c. Die Rücken- und Afterflossen

Die richtige Antwort ist b:
Zur Steuerung dienen die Brust- und Bauchflossen. Die Schwanzflossen sind für die Fortbewegung zuständig, Rücken- und Afterflossen dienen als Stabilisatoren.

Wodurch können Fische verpilzen?

a. Durch zu kaltes Wasser
b. Durch falsche Nahrungsaufnahme
c. Durch Beschädigung der Schleimhaut

Die richtige Antwort ist c:
Wenn die schützende Schleimhaut verletzt oder aufgerissen ist, bilden sich leicht gelblich-graue, schimmelige Verpilzungen. Die Verletzung der Schleimhaut kann verschiedene Ursachen haben, wie parasitärer Befall, Bißverletzungen, aber auch falscher Transport und falsches Behandeln des Fisches während des Fangs.

Wie können Viruserkrankungen unter Fischen übertragen werden?

a. Durch Bandwürmer
b. Vom Menschen nach dem Verzehr solcher Fische
c. Durch Transportgeräte, Transportwasser oder direkten Kontakt Fisch-zu-Fisch

Die richtige Antwort ist c:
Viruserkrankungen sind infektiös und können von Fisch zu Fisch übertragen werden. Aber auch unverseuchte Gewässer können das Virus über Wasservögel, Transportwasser und Transportgerät erhalten.

Welches Organ des Fisches kann Wasserschwingungen wahrnehmen?

a. Die Kiemen
b. Die Schuppen
c. Die Seitenlinie

Die richtige Antwort ist c:
Die Seitenlinien sind ein Teil des Sinneskanalsystemes beim Fisch. Mit ihrer Hilfe können Fische sich auch in absoluter Dunkelheit orientieren sowie Beute und Gefahren bemerken.

Mit welchem Organ können Fische Wasserströmungen und Erschütterungen wahrnehmen?

a. Mit der Schwimmblase
b. Mit dem Seitenlinienorgan
c. Mit den Riechgruben

Die richtige Antwort ist b:
Das Seitenlinienorgan ist ein Sinnesorgan, welches nur Fische besitzen. Mit diesem ist es dem Fisch möglich, Wasserströmungen und Erschütterungen wahrzuneh-

Allgemeine Fischkunde

men und sich auch bei völliger Dunkelheit oder total trübem Wasser orientieren zu können. Die Seitenlinie fängt am oberen Kiemenbereich an und zieht sich geradlinig über die gesamte Fischlänge bis zur Schwanzwurzel hin.

Warum werden Fische als Wechselblütler bezeichnet?

a. Sie können ihre Körpertemperatur auf Wunsch regeln
b. In verschiedenen Stadien haben sie verschiedene Körpertemperaturen
c. Ihre Körpertemperatur paßt sich der jeweiligen Wassertemperatur an

Die richtige Antwort ist c:
Bei allen wechselwarmen Tieren gleicht sich die Körpertemperatur der Umgebungstemperatur an. Dies trifft auch auf landlebende Tiere wie Eidechsen und Amphibien zu, die ihre Körpertemperatur der Lufttemperatur anpassen. Dabei hat jede Fischart ihre eigene Idealtemperatur, Forellen z. B. 16 bis 18 °C, der Karpfen bis 24 °C.

Welchen Fisch bezeichnet man als Winterlaicher?

a. Den Aal
b. Den Hecht
c. Die Forelle

Die richtige Antwort ist c:
Fische mit extrem hohem Sauerstoffbedarf, welche man nur in kalten Gewässern findet, sind Winterlaicher. Dazu zählen z. B. unsere Forellen, die von Ende September bis März laichen.

112

Notizen

Spezielle Fischkunde

In welchem Alter erreicht der Aal seine Geschlechtsreife?

a. Ab 7 Jahren
b. Ab 3 Jahren
c. Ab 1 Jahr

Die richtige Antwort ist a:
Aale wandern von ihrem Geburtsort, der Sargassosee (Bermudadreieck), zu den Süßwassergebieten, aus denen ihre Eltern kamen. Diese Wanderung bis zu den europäischen Flüssen dauert ca. 3 Jahre. In den europäischen Flußsystemen verbringt der Aal mindestens weitere vier Jahre und mehr, bis er dann seine Wanderung zurück zur Sargassosee aufnimmt. Dieses Gebiet erreicht er nach ca. 1 1/2 Jahren geschlechtsreif.

Sind Aale verschiedenen Geschlechtes unterschiedlich groß?

a. Nein
b. Ja, das Weibchen ist größer
c. Ja, das Männchen ist größer

Die richtige Antwort ist b:
Wie bei vielen anderen einheimischen Fischarten ist auch beim Aal das Weibchen deutlich größer als das Männchen. Große Weibchen erreichen teilweise eine Länge von über 140 cm, wohingegen das Männchen höchstens 60 cm erreicht.

Wie oft laicht der Aal?

a. Einmal
b. Fünfmal
c. Jedes Jahr, solange er lebt

Die richtige Antwort ist a:
Aale entwickeln ihre Geschlechtsreife während ihrer Wanderung zurück zur Sargassosee. Dort sterben sie nach der Laichablage.

Aal

Woher kommen Aallarven?

a. Aus der Sargassosee
b. Aus den großen Mündungsgebieten der tropischen Flüsse
c. Aus dem Mittelmeer

Die richtige Antwort ist a:
Die Aallarven schlüpfen in der Sargassosee und wandern mit dem Golfstrom nach Europa in die Flüsse Europas. Die Wanderung des Aals gehört zu einem der großen Wunder der Evolution.

Welches ist ein typisches Merkmal für alle barschartigen Fische?

a. Die erste Rückenflosse besitzt kräftige, spitze Stachelstrahlen
b. Das Maul ist zahnlos
c. Barsche besitzen keine Seitenlinie

Die richtige Antwort ist a:
Ein typisches Merkmal aller Barsche sind die kräftigen und spitzen Stachelstrahlen der Rückenflosse. Diese Stachelstrahlen führen beim Fang sehr häufig zu Verletzungen beim Angler. Deshalb gilt besondere Vorsicht. Die erste Rückenflosse wird nach dem Fang von vorne nach hinten niedergedrückt, damit Verletzungen vermieden werden.

Woran unterscheidet man junge Barsche und Zander?

a. Barsche haben größere Augen
b. Der Jungbarsch hat einen schwarzen Fleck am Ende der ersten Rückenflosse
c. Barsche besitzen breitere Querstreifen

Die richtige Antwort ist b:
Im Jugendstadium sehen sich Barsch und Zander sehr ähnlich. Ein sicheres Unterscheidungsmerkmal ist der dunkle Fleck am Ende der ersten Rückenflosse des jungen Barsches. Junge Zander besitzen diesen Fleck nicht.

Bei welchen Fischen kann man die Barteln zur Artenbestimmung heranziehen?

a. Bei den Salmoniden
b. Bei allen Barschartigen
c. Bei Cypriniden, Schmerlen und Welsen

Die richtige Antwort ist c:
In den Süßwassergebieten Mitteleuropas leben ca. 14 Fischfamilien mit 80 Arten. Die größte Familie ist die der Cypriniden oder Karpfenartigen. Die meisten von ihnen sind durch Barteln gekennzeichnet. Aber auch andere Fischarten, wie Schmerlen und Welse, tragen Barteln und können anhand dieser zugeordnet werden.

Welcher Fisch besitzt 10 Barteln?

a. Der Wels
b. Der Schlammpeitzger
c. Der Steinbeißer

Die richtige Antwort ist b:
Als Besonderheit besitzt der Schlammpeitzger aus der Familie der Schmerlen 10 Barteln.

Welcher Fisch hat nur einen Bartfaden?

a. Der Karpfen
b. Der Waller
c. Die Quappe

Die richtige Antwort ist c:
Die Quappe ist der einzige Vertreter der Schellfischarten im Süßwasser. Das typische Merkmal dieser Fischgattung ist die einzelne Bartel am Unterkiefer.

Welcher Fisch hat vier Bartfäden?

a. Die Barbe
b. Die Schleie
c. Der Barsch

Die richtige Antwort ist a:
Die Barbe besitzt vier Bartfäden, welche ihr bei der Nahrungssuche helfen. Ein Paar davon sitzt am Oberkiefer, das andere in den Mundwinkeln.

Wieviele Barteln besitzt der europäische Wels?

a. Zwei
b. Vier
c. Sechs

Die richtige Antwort ist c:
Neben seiner typischen Gestalt ist der europäische Wels sehr gut an seinen Barteln zu erkennen. Zwei sehr lange sitzen am Oberkiefer und können den Bereich oberhalb des Fisches abtasten. Vier weitere kürzere Barteln sitzen am Unterkiefer und helfen beim Auffinden von Nahrung am Gewässergrund.

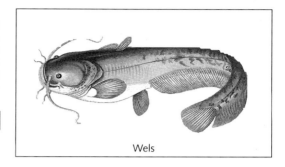

Wels

Welcher Fisch hat keine Bauchflossen?

a. Der Stör
b. Das Rotauge
c. Der Aal

Die richtige Antwort ist c:
Dem Aal fehlen die Bauchflossen. Stör und Rotaugen dagegen haben Bauchflossen.

Welche Bedeutung hat die Bezeichnung Blankaal?

a. Aale aus stehenden Gewässern
b. Aale, die mit blitzenden Ködern gefangen werden
c. Aale, die zum Laichen abwandern

Die richtige Antwort ist c:
Zu Beginn der Geschlechtsreife und seiner Laichwanderung aus den Binnengewässern ins Meer wandelt der Aal auch seine Farbe. Der Rücken wird dunkler und die vorher goldene Bauchseite färbt sich silbrigweiß. Von dieser Umfärbung kommt der Name Blankaal.

Was bedeutet die Bezeichnung Breitkopfaal?

a. Diese Aale kommen nur in Fließgewässern vor
b. Diese Aale bevorzugen eine bestimmte Nahrung
c. Sie sind eine eigenständige Fischart

Die richtige Antwort ist b:
Man unterscheidet größere Aale zwischen Breitkopf- und Spitzkopfaal. Die Tiere sind nachtaktiv und nehmen verschiedene Nahrungen zu sich. Der Spitzkopfaal ernährt sich vorwiegend von niederen Tieren aller Art. Der Breitkopfaal hingegen ist ein Räuber und verschmäht weder Kleinfische noch Krebse.

Spezielle Fischkunde

Welche Fischarten betreiben Brutpflege?

a. Zander und Wels
b. Brassen und Döbel
c. Hecht und Schleie

Die richtige Antwort ist a:
Zander- und Welsmilchner bewachen ihr Gelege nach der Ablage besonders sorgfältig.

Welche der folgenden Fische gehören zur Familie der Cypriniden?

a. Hecht, Aal und Barsch
b. Karpfen, Schleie, Nase und Barbe
c. Gründling, Elritze, Quappe

Die richtige Antwort ist b:
Zu den Karpfenartigen/Cypriniden zählen Karpfen, Schleie, Barbe, Nase usw.

Welches ist der bevorzugte Lebensraum von Cypriniden wie Karpfen und Schleien?

a. Im Freiwasser
b. Am Bodengrund und zwischen Pflanzen
c. Unter der Wasseroberfläche

Die richtige Antwort ist b:
Barteln findet man bei Süßwasserfischen, die am Grund leben und damit ihre Nahrung aufspüren. Typische Vertreter sind Karpfen, Schleie und Barbe.

Welcher Fisch unterscheidet sich durch seine zusätzliche Darmatmung von anderen?

a. Die Schleie
b. Der Hecht
c. Der Schlammpeitzger

Die richtige Antwort ist c:
Nur der Schlammpeitzger kann bei Sauerstoffmangel im Wasser atmosphärische Luft über den Darm dem Organismus zuführen. Eine besonders große Anzahl von Blutgefäßen im Enddarm ermöglicht dieses Kunststück.

Was ist das typische Erkennungsmerkmal des Dornhais?

a. Er hat einen gestreiften Körper
b. Er hat vor den Rückenflossen je einen Dorn
c. Er hat an den Afterflossen je einen Dorn

Die richtige Antwort ist b:
Die beiden Dornen vor den Rückflossen standen Pate für den Namen dieser Haiart. Durch die Giftdrüsen sind diese Dornen mit besonderer Vorsicht zu genießen. Die bekannten Schillerlocken in den Fischgeschäften kommen vom Dornhai.

Wie regulieren Fische mit geschlossener Schwimmblase den Druckausgleich?

a. Über die Kiemen
b. Über den Schlund
c. Über den Blutkreislauf

Die richtige Antwort ist c:
Barsch und schellfischartige Fische haben eine geschlossene Schwimmblase. Im Gegensatz zu allen anderen Fischen, welche einen Gaskanal zwischen Darm und Schwimmblase besitzen, regulieren diese Fischarten den Druckausgleich in der Schwimmblase über den Blutkreislauf.

Barsch

Welche Fische legen Eier über 4 mm Größe?

a. Die Äsche
b. Der Hecht
c. Die Bachforelle

Die richtige Antwort ist c:
Im zweiten bzw. dritten Lebensjahr werden Bachforellen geschlechtsreif. Sie legen dann auf kiesigem Untergrund Eier mit einem Durchmesser bis zu 5 mm ab. Die Gelege sind daher mit 100 bis 1.000 Eiern relativ klein.

Wie hoch ist die durchschnittliche Eizahl pro kg Körpergewicht beim Karpfen?

a. 100 bis 300
b. 20.000 bis 50.000
c. 100.000 bis 300.000

Die richtige Antwort ist c:
Der Karpfen gilt als besonders fruchtbarer Fisch. Dabei drückt die durchschnittliche Laichzahl pro kg Körpergewicht dies besonders aus. Jüngere geschlechtsreife Karpfen können bis zu 300.000 Eier pro kg Körpergewicht produzieren. Diese Fruchtbarkeit läßt im Alter nach. Aber auch dann werden noch 100.000 und mehr Eier per kg Köpergewicht produziert.

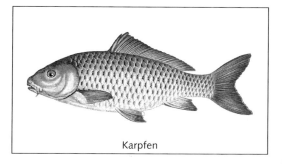

Karpfen

Welche Fische besitzen ein endständiges Maul?

    a. Barsch und Forelle
    b. Karpfen und Gründling
    c. Barbe und Schleie

Die richtige Antwort ist a:
Als typischer Räuber besitzen Barsch und Forelle ein endständiges Maul. Fische, die sich am Grund des Gewässers ernähren, wie Barben und Karpfen, haben ein unterständiges Maul.

Was ist ein besonders auffälliges Merkmal unserer Äsche?

    a. Besonders große Augen
    b. Form und Größe der Rückenflossen
    c. Körperfarbe

Die richtige Antwort ist b:
Ein besonders hübsches auffälliges Merkmal der Äsche ist ihre lange, hohe Rückenflosse. Besonders auffällig ist diese beim Äschenmännchen. Man spricht auch von der Äschenfahne.

Wie hoch ist die Fruchtbarkeit des Hechtrogners per kg Körpergewicht?

    a. 150.000 bis 250.000 Stück
    b.   20.000 bis 50.000 Stück
    c.   3.000 bis 15.000 Stück

Die richtige Antwort ist b:
Hechte sind nicht so produktiv wie Karpfen oder Zander. Hechtrogner im Alter zwischen fünf und zehn Jahren können 20.000 bis 50.000 Eier pro kg Körpergewicht absetzen.

Wie hoch ist die Fruchtbarkeit des Zanderrogners per kg Körpergewicht?

    a. 100.000 bis 200.000 Stück
    b.   20.000 bis 40.000 Stück
    c.   3.000 bis   8.000 Stück

Die richtige Antwort ist a:
Der Zanderrogner gehört, wie der Karpfen, zu den besonders fruchtbaren Fischen. Eine Eizahl von 100.000 bis 200.000 Eiern per kg Körpergewicht ist nicht ungewöhnlich.

Bei welchen karpfenartigen Fischen läßt sich das Geschlecht auch vom Laien erkennen?

    a. Die Schleie
    b. Der Karpfen
    c. Die Barbe

Die richtige Antwort ist a:
Bei den meisten einheimischen Süßwasserfischen ist eine Geschlechtsunterscheidung sehr schwierig. Eine Ausnahme hiervon ist die Schleie. Das geschlechtsreife Schleienmännchen ist an den deutlich größeren Bauchflossen zu erkennen.

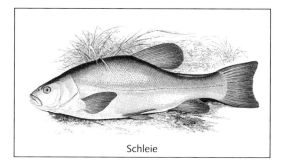

Schleie

Was ist ein Glasaal?

    a. Die Aallarve
    b. Der Jungaal nach der Pigmentierung
    c. Der Jungaal nach der Umwandlung der Larve

Spezielle Fischkunde

Die richtige Antwort ist c:
Wenn Aallarven über den Golfstrom nach Europa kommen, wandeln sich ihre Körperformen zu Jungaalen um, die durchsichtig klar sind. Daher der Name Glasaale. Erst im Brackwasser und beim Aufsteigen ins Süßwasser verschwindet diese Transparenz, und der Aal erhält seine Pigmentierung.

In welchem Alter laichen Hechtrogner zum ersten Mal?

a. Nach dem zweiten Lebensjahr
b. Nach dem dritten Lebensjahr
c. Nach dem siebenten Lebensjahr

Die richtige Antwort ist b:
Die Geschlechtsreife von Hechten tritt im allgemeinen nach dem dritten/vierten Lebensjahr ein. Die Größe des Fisches beträgt dann ca. 50 bis 55 cm. Zur Erhaltung der Fischfauna sollte man dem Hechtbestand diese erste Laichphase ermöglichen.

Welcher unserer einheimischen Süßwasserfische betreibt eine intensive Brutpflege?

a. Der Barsch
b. Die Aalquappe
c. Der Stichling

Die richtige Antwort ist c:
Eine besonders fürsorgliche Brutpflege betreibt das Stichlingsmännchen. Nach dem Bau eines Laichnestes aus verschiedenen Materialien drängt er die Weibchen zum Ablaichen in diesem Nest. Sofort nach dem Laichvorgang wird das Weibchen vertrieben, und das Stichlingsmännchen kümmert sich fürsorglich um Eier und die Aufzucht der Brut.

Welche Fische haben Kammschuppen?

a. Hecht und Aal
b. Schleie und Döbel
c. Zander und Barsch

Die richtige Antwort ist c:
Zander und Barsch haben Kammschuppen. Diese Schuppen sind am Fischkörper nach hinten gerichtete Halbkreise und stark gezahnt. Unter der Vergrößerung erinnert diese Verzahnung der Schuppen an einen Kamm. Daher der Name Kammschuppen.

Fische mit Kammschuppen fühlen sich durch diese Besonderheit auch rauh an.

Welche Kriterien treffen auf unsere karpfenartigen Fische zu?

a. Bezahnte Kiefer, zweikammerige Schwimmblasen, große Seitenlinienorgane
b. Schuppenlos, Kiefer unbezahnt, einkammerige Schwimmblase
c. Kiefer unbezahnt, Schlundzähne vorhanden, Schwimmblase zweikammerig

Die richtige Antwort ist c:
Die typischen Merkmale für alle Mitglieder der Cyprinidenfamilie sind die zweikammerige Schwimmblase, der unbezahnte Ober- und Unterkiefer sowie die Schlundzähne, die sich auf dem fünften Paar der Kiemenbögen befinden.

Döbel

Woran unterscheidet man den Karpfen von der Karausche sicher?

a. An der Größe
b. An den Bartfäden
c. An der Beschuppung

Die richtige Antwort ist b:
Ein sicheres Unterscheidungsmerkmal zwischen Karpfen und Karausche sind die Bartfäden. Karauschen, auch Steinkarpfen genannt, besitzen keine Bartfäden.

Welche Fische haben einen Kiemendorn?

a. Die Salmoniden
b. Alle Barschartigen
c. Die Schmerlen

Die richtige Antwort ist b:
Alle barschartigen Fische besitzen einen Kiemendorn. Dieser ist eine zuverlässige Abwehrwaffe gegen Freßfeinde. Der Kiemendorn kann auch leicht Verletzungen beim Umgang mit Barschen verursachen. Deswegen sei hier besondere Vorsicht empfohlen.

Welche Fischarten sind Kieslaicher?

   a. Karpfen und Zander
   b. Bachforelle/Bachsaibling
   c. Stichling und Mülkoppe

Die richtige Antwort ist b:
Die meisten forellenartigen Fische wie Bachforelle und Bachsaibling bevorzugen als Laichplatz einen kiesigen Untergrund. Dabei unternehmen sie lange Wanderungen stromaufwärts, um die idealen Laichplätze zu finden.

Welches ist der bevorzugte Laichablageplatz von Forellen?

   a. Wasserpflanzen
   b. Flache, kiesige Gruben am Gewässergrund
   c. Selbstgebaute Laichnester

Die richtige Antwort ist b:
Alle Forellen bevorzugen zum Ablaichen einen kiesigen Untergrund. Nach dem Ausschlagen der Laichgrube von beiden Fischen und der anschließenden Eiablage bedeckt z. B. der Bachforellenrogner die Eier wieder mit Kies.

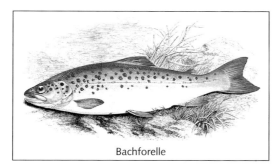

Bachforelle

Welche Fische steigen vom Meer in das Süßwasser zum Laichen?

   a. Der Zander
   b. Der Lachs
   c. Der Aal

Die richtige Antwort ist b:
Während der Laichzeit steigt der Lachs aus dem Meer in Flüsse und Bäche. Aufgrund seines hochentwickelten Orientierungs- und Geruchssinnes findet er auch nach mehreren tausend Kilometern in die Flußläufe zurück, aus denen er abstammt.

Lachs

Welches ist der ideale Laichplatz von Bitterlingen?

   a. Sie bauen ein Nest und legen ihre Eier darin
   b. Sie legen ihre Eier in Muscheln ab
   c. Sie verstecken ihre Eier im schlammigen Untergrund

Die richtige Antwort ist b:
Der Bitterling gehört zur Familie der Karpfenartigen und legt seine Eier zum Schutz vor Laichräubern mit Hilfe seiner Legeröhre in den Kiemraum von Fluß- und Teichmuscheln ab.

Über die Atemöffnung der Muscheln befruchtet das Bitterlingsmännchen die Eier im Inneren der Muschel.

Die Eier kleben bis zur Reife an den Kiemenblättchen der Muschel. Die 40 bis 100 Eier reifen schnell heran. Der Dottersack reicht für ca. 2 bis 3 Wochen.

In diesem Zeitraum sind die jungen Fische nicht nur geschützt, sondern werden auch von den Muschelkiemen stets mit sauberem, sauerstoffreichem Wasser versorgt. Die kleinen Bitterlinge verlassen mit ca. 11 mm Länge diese Herberge.

Welches ist der bevorzugte Laichplatz des Flußbarsches?

   a. Wasserpflanzen
   b. Flache Gruben
   c. Sandiger Untergrund

Die richtige Antwort ist a:
Der Flußbarsch legt seinen Laich in langen Bändern zwischen Wasserpflanzen, Wurzeln und Steinen ab.

Spezielle Fischkunde

Welchen Laichplatz bevorzugen Hechte?

a. Tiefe Bodenmulden
b. Kiesiger Untergrund
c. Flache verkrautete Uferstellen

Die richtige Antwort ist c:
Der Hecht ist ein typischer Krautlaicher und legt seinen Rogen an Pflanzen ab. Ideal für ihn sind die regelmäßigen Frühjahrsüberschwemmungen. Bei solchen Überschwemmungen kommt es nicht selten vor, daß der Hecht zum Ablaichen ins flache Wasser auf überflutete Wiesen wandert.

Hecht

Welches ist der bevorzugte Laichplatz des Karpfens für seine Eier?

a. An Pflanzen
b. In untergegangenen Bäumen
c. Auf kiesigem Untergrund

Die richtige Antwort ist a:
Alle Karpfeneier sind von einer gallertartigen, klebrigen Masse umgeben, welche sich nach dem Ablaichen an Wasserpflanzen anheften. Die meisten Fische aus der Karpfenfamilie sind Krautlaicher und legen ihre Eier zwischen den Wasserpflanzen ab.

Wie ist das Laichverhalten vom Zander?

a. Der Zander baut ein Nest und bewacht seine Brut
b. Zander ziehen zum Laichen stromaufwärts
c. Zander laichen gemeinsam in großen Schwärmen

Die richtige Antwort ist a:
Zander laichen paarweise. Das Männchen bewacht Laich und Brut in der Entwicklungsphase.

Wann ist die bevorzugte Laichzeit von Zander und Barsch?

a. Im November
b. Von Januar bis März
c. Mai und Juni

Die richtige Antwort ist b:
Zander und Barsch gehören zu den Frühjahrslaichern. Schon ab 8 °C Wassertemperatur kann der Laichvorgang stattfinden. Da der Zander sein Gelege bewacht, wird er in vielen Gebieten bis Ende Juni geschont.

Wann ist die bevorzugte Laichzeit des Hechtes?

a. Im Herbst
b. Von Februar bis Mai
c. Im Sommer

Die richtige Antwort ist b:
Der Hecht ist ein typischer Frühjahrslaicher und laicht deutlich vor den anderen Fischen in der Nahrungskette. Schon beim ersten Frühjahrshochwasser im Februar kann diese Laichprozession der Hechte stattfinden. Dabei sind teilweise noch die Ränder von Flüssen und Seen mit einer Eisschicht bedeckt.

Welches ist die bevorzugte Laichzeit von Karpfen und Schleien?

a. Januar/Februar
b. Mai/Juni/Juli
c. November/Dezember

Die richtige Antwort ist b:
Schleien und Karpfen gehören zur Familie der Cypriniden und laichen bevorzugt in den warmen Jahreszeiten Mai bis Juli.

Welche Fische haben keinen Magen?

a. Zander, Hecht, Barsch
b. Karpfen, Schleie, Barbe
c. Wels

Die richtige Antwort ist b:
Alle Weißfische (Cypriniden) wie Karpfen, Schleie und Barbe, haben als Friedfische keinen Magen und zerkauen daher ihre Nahrung vorher über die Schlundzähne. Raubfische, wie Hecht, Zander, Barsch und Waller, schlucken ihre Beute unzerkaut, welche dann im Magensack verdaut wird.

Wozu zählen die Makrelen?

a. Zu den Flachwasserfischen
b. Zu den Freiwasserfischen
c. Zu den Grundfischen

Die richtige Antwort ist b:
Die Makrelen gehören zur Familie der Thunfische und sind reine Meeresbewohner. Sie bevorzugen wärmere Strömungen und leben im Freiwasser. Nur gelegentlich, während der Laichzeit, kommen die Makrelen in die wärmeren Uferzonen. Dann ist auch ein Beangeln vom Ufer aus möglich.

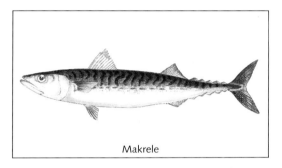
Makrele

Welcher Fisch kann sein Maul rüsselartig vorstülpen?

a. Der Lachs
b. Die Brasse
c. Das Neunauge

Die richtige Antwort ist b:
Im schlammigen Untergrund der Gewässer sucht der Brassen nach seiner Nahrung. Dabei stülpt er sein Maul rüsselartig auf und saugt die Nahrung zusammen mit dem Schlamm des Untergrundes ab. Nach gründlichem Zerkauen mit den Schlundzähnen werden die freßbaren Teile weiterbefördert und der nicht genießbare Schlamm über die Kiemendeckel wieder ausgeblasen.

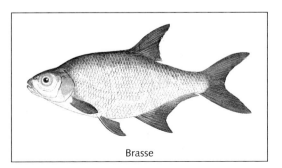
Brasse

Welche Fischart wurde aus Nordamerika in Europa eingebürgert?

a. Die Seeforelle
b. Die Regenbogenforelle
c. Der Flußbarsch

Die richtige Antwort ist b:
Die Regenbogenforelle wurde zum Ende des letzten Jahrhunderts nach Europa importiert.

Wer ist der größte Raubfisch in Mitteleuropa?

a. Hecht
b. Wels
c. Lachs

Die richtige Antwort ist b:
Der größte Raubfisch in Mitteleuropa ist der Wels. Er übertrifft mit einer Länge bis zu 3 m und einem Gewicht von 150 kg alle anderen Fische in Europa. Sein Appetit macht vor keinem Lebewesen im Wasser halt. Selbst Warmblütler, wie Bisamratten und Wasservögel, fallen ihm zum Opfer.

Welche Fische besitzen Rundschuppen?

a. Karpfen, Döbel, Hecht
b. Zander, Waller, Quappe
c. Aal, Barsch, Streber

Die richtige Antwort ist a:
Schuppen mit glatten Rändern werden als Rundschuppen bezeichnet. Die Mehrheit der einheimischen Süßwasserfische hat Rundschuppen. Typische Vertreter sind Karpfen, Döbel und Hechtartige.

Welcher Salmonide erreicht ein Körpergewicht von mehr als 10 kg?

a. Der Bachsaibling
b. Die Äsche
c. Die Seeforelle

Die richtige Antwort ist c:
Der größte Salmonide in unseren Gewässern ist die Seeforelle. Man trifft sie häufig in tiefen klaren Gebirgsseen. Hier wurden schon kapitale Tiere bis zu 30 kg Gewicht bei einer Länge von 1,40 m gefangen. Ähnliche Größen erreicht der Lachs, welcher erfreulicherweise durch das starke Engagement und den Einsatz von Anglern wieder in verschiedenen Gewässern Deutschlands vermehrt auftritt.

Spezielle Fischkunde

Welcher Salmonide hat charakteristische rote Punkte auf seinem Körper?

a. Die Bachforelle
b. Die Regenbogenforelle
c. Die Äsche

Die richtige Antwort ist a:
Ganz typisch für alle Bachforellen sind die kräftig roten Punkte auf dem Körper. Diese roten Flecken sind teilweise noch hellblau umrandet und krönen damit das Brautkleid des laichreifen Fisches.

Dorsch

Welche Fischart hat den höchsten Sauerstoffbedarf?

a. Die Regenbogenforelle
b. Der Bachsaibling
c. Der Hecht

Die richtige Antwort ist b:
Der in unseren heimischen Gewässern zu findende Bachsaibling wurde zur Jahrhundertwende aus Amerika eingeführt. Unter den Salmoniden stellt er den höchsten Anspruch an den Sauerstoffgehalt des Gewässers.

Was sind die typischen Erkennungsmerkmale der Schellfischartigen?

a. Sie haben keine Zähne
b. Sie haben in der Regel eine Bartel
c. Sie tragen keine Schuppen

Die richtige Antwort ist b:
Das typische Erkennungsmerkmal aller Schellfischartigen ist die einzelne Bartel am Kinn der Fische. Ebenso ungewöhnlich ist die Stellung der Bauchflossen vor den Brustflossen. Einzige Ausnahme hiervon ist der Köhler, welcher auch Seelachs genannt wird. Bauch- und Brustflossen stehen auf derselben Höhe, und der Bartfaden ist nur in der Jugendzeit klar zu erkennen. Ein weiteres wichtiges Merkmal aller Schellfischartigen ist daher die dreiteilige Rücken- sowie die zweiteilige Afterflosse.

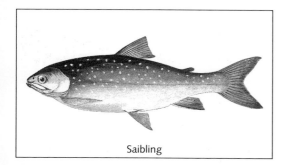
Saibling

Quappe

Welche Fische gehören zur Familie der Schellfische?

a. Die Makrele, der Hering und das Petermännchen
b. Die Seezunge, der Stint und der Knurrhahn
c. Der Dorsch, die Quappe und der Seelachs

Die richtige Antwort ist c:
Dorsch, Quappe und Seelachs sind die typischen Vertreter der Schellfischfamilie. Das besondere äußerliche Merkmal ist die einzelne Bartel am Kinn dieser Fische. Schellfische zählen zu den wirtschaftlich bedeutendsten Fischen in der Welt.

Welcher Fisch gehört zu den Schellfischartigen im Süßwasser?

a. Der Wels
b. Die Schmerle
c. Die Quappe

Die richtige Antwort ist c:
Die Quappe ist in Europa der einzige Vertreter der Schellfischartigen im Süßwasser. Ansonsten findet man Vertreter dieser Fischart nur im Salzwasser, z. B. den Dorsch.

Haben Schleien Schuppen?

a. Ja, sehr kleine
b. Nein
c. Schleien haben nur eine Schleimhaut

Die richtige Antwort ist a:
Schleien haben sehr kleine Schuppen, die mit dem bloßen Auge nur schwer zu erkennen sind.

Welcher Fisch hat Schlundzähne?

a. Der Barsch
b. Die Äsche
c. Der Karpfen

Die richtige Antwort ist c:
Karpfenartige Fische ohne Magen müssen größere Nahrungsteile mit den Schlundzähnen zerkleinern, bevor sie diese schlucken. Diese Eigenschaft unterscheidet Friedfische von den Raubfischen, welche ihre Beute unzerkleinert schlucken und erst im Magensack verdauen.

Welche Fische besitzen besonders stark entwickelte Schlundzähne?

a. Die Karpfenartigen
b. Zander und Hecht
c. Alle Salmoniden

Die richtige Antwort ist a:
Ein typisches Merkmal der Cypriniden (Karpfenartigen) sind die kräftigen Schlundzähne. Da alle Karpfenartigen keinen Magen besitzen, müssen sie ihre Nahrung vor dem Verdauen mit diesen Zähnen gründlich zerkleinern.

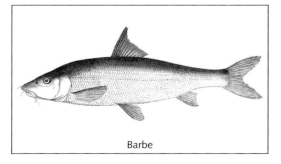
Barbe

Welche Fische haben keine Schwimmblase?

a. Die Makrele
b. Der Barsch
c. Der Karpfen

Die richtige Antwort ist a:
Es gibt verschiedene Fischarten, die keine Schwimmblase haben. Ein Vertreter davon ist die Makrele.

Wie ist die Konstruktion der Schwimmblase beim Barsch?

a. Sie ist einkammerig mit Luftgang
b. Sie ist zweikammerig
c. Sie ist einkammerig ohne Luftgang

Die richtige Antwort ist c:
Bei allen Barschen und Schellfischartigen ist die Schwimmblase einkammerig und besitzt keine Verbindung zum Vorderdarm, wie es z. B. bei den Salmoniden üblich ist.

Welche Fische besitzen eine zweikammerige Schwimmblase?

a. Alle Raubfische
b. Alle Cypriniden
c. Alle Salmoniden

Die richtige Antwort ist b:
Alle Cypriniden besitzen eine zweikammerige Schwimmblase als unverwechselbares Merkmal für diese Familie.

Welche Fische sind ausgesprochene Sommerlaicher?

a. Hechte
b. Salmoniden
c. Cypriniden

Die richtige Antwort ist c:
Alle Cypriniden laichen im späten Frühjahr bzw. im Sommer. Salmoniden bevorzugen als Laichzeit die kälteren Monate im Herbst und Winter. Hechte laichen im zeitigen Frühjahr.

Spezielle Fischkunde

Welche Fischarten sind typische Sommerlaicher?

    a. Die Salmoniden
    b. Die Hechtartigen
    c. Die Weißfische

Die richtige Antwort ist c:
Die bevorzugte Laichzeit aller Cypriniden (Weißfische) ist der Sommer. Im Herbst oder Winter laichen vor allem die Salmoniden. Typische Frühjahrslaicher sind Hecht, Zander, Barsch, Äsche usw.

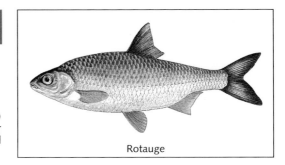
Rotauge

Welche Fische zählt man zu den Wanderfischen (zwischen Süß- und Salzwasser)?

    a. Der Gründling
    b. Der Saibling
    c. Der Lachs

Die richtige Antwort ist c:
Es gibt verschiedene Formen von Wanderfischen. Man unterscheidet zwischen Fischen, die zum Laichen vom Meer ins Süßwasser ziehen und umgekehrt Süßwasserfische, welche zum Laichen ins Meer ziehen. Lachse zählen zu der ersten Kategorie.

Welcher Fisch ernährt sich u. a. von Wasserpflanzen?

    a. Der Brassen
    b. Die Rotfeder
    c. Das Neunauge

Die richtige Antwort ist b:
Die Rotfeder ist der einzige einheimische Fisch, welcher sich vorwiegend von weichen Pflanzen an den Uferregionen stehender und langsam fließender Gewässer ernährt.

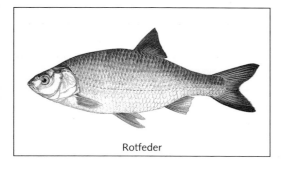
Rotfeder

Notizen

Gewässerkunde, Fischhege, Natur- und Tierschutz

Wodurch kann z. B. das biologische Gleichgewicht in Gewässern gestört werden?

a. Durch einseitigen Fischbesatz
b. Durch Wasservögel
c. Durch das Angeln mit dem Kunstköder

Die richtige Antwort ist a:
Wird ein natürliches Gewässer nur mit einer Art von Fischen besetzt, tritt bei dieser eine verstärkte Nahrungskonkurrenz auf. Dadurch werden andere Fischarten behindert. Diese Fischbestände sind daher auch besonders anfällig für Krankheiten.

Wie ist die richtige Reihenfolge der fischereibiologischen Regionen der Fließgewässer?

a. Forellenregion - Äschenregion - Barbenregion - Brassenregion - Brackwasserregion
b. Forellenregion - Brackwasserregion - Äschenregion - Barbenregion - Brassenregion
c. Barbenregion - Äschenregion - Brassenregion - Forellenregion - Brackwasserregion

Die richtige Antwort ist a:
Fließgewässer werden regional wie folgt gegliedert: Der Forellenregion folgt die Äschenregion, erst dann kommen die Barben- und Brassenregionen. Den Abschluß der Gliederung bildet die Brackwasserregion.

Durch welche Maßnahmen können Krötenpopulationen verstärkt werden?

a. Durch keinen Besatz von Raubfischen
b. Durch Schutz der bevorzugten Laichgewässer von Kröten
c. Durch künstliche Aufzucht von Kröten

Die richtige Antwort ist b:
Kröten in Deutschland verdienen einen besonderen Schutz. Sie sind nachtaktiv und besonders nützlich beim Kampf gegen Schädlinge. An den ersten wärmeren Tagen im März suchen die Erdkröten das Wasser zum Laichen auf. Um den Erdkrötenbestand zu sichern und zu mehren, sollten Laichplätze dieser Amphibien besonders geschützt und gehegt werden. Im Verlauf von 1 bis 3 Monaten verwandeln sich die Kaulquappen zu jungen Kröten und verlassen das Gewässer.

Welche wichtige Funktion hat der im Wasser gelöste Sauerstoff?

a. Er wird für die Atmung der Lebewesen benötigt
b. Er neutralisiert den pH-Wert
c. Er verdrängt giftige Abwässer

Die richtige Antwort ist a:
Sauerstoff ist für die Atmung der Lebewesen im Wasser unersetzlich. Er ist die Grundvoraussetzung für alle Vorgänge. Ein Gewässer mit Sauerstoffmangel "kippt um". Dieses "Umkippen" bedeutet den Tod jeglichen Lebens im Gewässer.

Hat die Form und Gestalt des Gewässeruntergrundes fischereibiologische Bedeutung?

a. Ja, unregelmäßiger Untergrund begünstigt die Entwicklung von Parasiten und dient als Sammelboden für Schwemmschlamm
b. Nein
c. Ja, unregelmäßiger Untergrund bietet vielfältige Entwicklungsmöglichkeiten für alle Lebewesen im Gewässer

Die richtige Antwort ist c:
Abwechslungsreiche Gestalt und Form des Bodengrundes ist besonders wichtig für alle Wasserbewohner. Sie geben erst den richtigen Platz für die verschiedenen Lebensgewohnheiten und unterschiedlichen Laichprozeduren. Je artenreicher die Fauna und Flora eines Gewässers ist, um so interessanter und wertvoller ist es für die Natur.

Wie gelangen Nährstoffe unter natürlichen Verhältnissen in die Gewässer?

a. Mit Quellwasser
b. Sie entstehen im Gewässer selbst
c. Aus den von Regen und Grundwasser durchzogenen Boden- und Gesteinsschichten des Einzugsbereiches

Die richtige Antwort ist c:
Salze und Mineralien, die als Pflanzennährstoff dienen, werden vom Regen- und Grundwasser in den verschiedenen Boden- und Gesteinsschichten ausgewaschen und gelangen dadurch ins Gewässer und dienen den Pflanzen als Nahrung.

Können Fische im Winter unter dem Eis der Gewässer ersticken?

a. Nein, Fische benötigen in dieser Zeit keinen Sauerstoff
b. Ja, der Stickstoffgehalt steigt zu hoch an
c. Ja, weil die Sauerstoffaufnahme über die Luft nicht mehr möglich ist

Die richtige Antwort ist c:
Gewässer benötigen den Sauerstoffaustausch an ihrer Oberfläche mit der Luft. Dieser Vorgang kann durch eine dicke Eisschicht und längere Frostperiode verhindert werden. Das kann für viele Fische den Erstickungstod bedeuten.

Was ist das erste Glied der Nahrungskette in Gewässern?

a. Kleine Fischarten
b. Tierisches und pflanzliches Plankton
c. Insekten

Die richtige Antwort ist b:
Das erste Glied in der Nahrungskette ist pflanzliches und tierisches Plankton. Hierbei handelt es sich um ein- und mehrzellige Algen sowie verschiedene kleine Amöben. Diese wiederum dienen als Ernährung für Kleinkrebse. Junge Fischbrut ernährt sich von diesen Kleinkrebsen. Ganz am Ende der Nahrungskette steht der Raubfisch, welcher sich wiederum von anderen Fischen ernährt. Absterbende Pflanzen und verendete Tiere werden wieder von Bakterien in Nährsalze zurückverwandelt, die die Grundlage zur Entstehung von Plankton darstellen. Damit ist die Nahrungskette geschlossen.

Welche Maßnahmen in Talsperrengewässern wirken sich besonders negativ auf die Tier- und Pflanzenwelt aus?

a. Starker Frost im Winter
b. Wechselnde, häufige Änderung des Wasserstandes
c. Rasche Erwärmung im Sommer

Die richtige Antwort ist b:
Der häufig wechselnde Wasserstand verhindert eine natürliche Biotopbildung in diesen Gewässern. Speziell in den Laichperioden vernichtet der wechselnde Wasserstand jede Aufzucht.

In welchem Bereich leben die Fischnährtiere der Gebirgsbäche?

a. Freischwebend im Wasser
b. An der Oberfläche des Wassers
c. Auf, zwischen und unter den Steinen

Die richtige Antwort ist c:
Die Bewohner der schnellfließenden Gebirgsbäche leben am Grund, auf, zwischen und unter den Steinen, da sie sonst von der schnellen Strömung weggerissen würden bzw. zuviel Energie beim Schwimmen gegen die Strömung verbrauchen würden.

Welche regelmäßigen chemischen Wasseruntersuchungen sollten Gewässerinhaber/-besitzer durchführen können?

a. Eisen- und Phosphatgehalt
b. Sauerstoffgehalt und pH-Wert
c. Ammonium- und Stickstoffgehalt

Die richtige Antwort ist b:
Zwei besonders wichtige Faktoren für den Gesundheitszustand eines Gewässers sind Sauerstoffgehalt und pH-Wert. Diese können mit einfachen Meßmethoden festgestellt werden. Verantwortungsbewußte Gewässerinhaber/-besitzer machen diese Untersuchungen regelmäßig.

Welche Wasserpflanzen sind besonders wichtig für die Sauerstoffversorgung stehender Gewässer?

a. Unterwasserpflanzen
b. Schwimmpflanzen
c. Sumpf- und Uferpflanzen

Die richtige Antwort ist a:
Ein wichtiger Sauerstofflieferant für stehende Gewässer sind die untergetauchten Wasserpflanzen. Sie verwandeln mit Hilfe der Photosynthese Stickstoff in Sauerstoff und geben diesen an das Wasser ab.

Wie kommt Sauerstoff in das Wasser?

a. Durch Verwitterung von Bodengrund
b. Durch Assimilation der Unterwasserpflanzen
c. Durch Zersetzungsprozesse unter Wasser

Die richtige Antwort ist b:
Wasserpflanzen sind der wichtigste Sauerstofflieferant in stehenden Gewässern. Darüber hinaus wird über die Wasseroberfläche Sauerstoff mit der Luft ausgetauscht.

Gewässerkunde, Fischhege, Natur- und Tierschutz

Sind Pflanzennährstoffe wichtig für Gewässer?

a. Ja, sie sind Vorbedingung für die Entwicklung von Pflanzen
b. Nein, sie sind ohne Bedeutung
c. Ja, Pflanzennährstoffe hemmen das Wachstum von Fischen

Die richtige Antwort ist a:
Nur gesunder Pflanzenwuchs bietet den Fischen Nahrung, Sauerstoff und Schutz im Gewässer. Als erstes Glied in der biologischen Kette sind Pflanzen unentbehrlich. Daher sind Nährstoffe für Pflanzen Vorbedingung für das Leben.

Welche Voraussetzung muß erfüllt werden, daß grüne Pflanzen Sauerstoff produzieren?

a. Sonnenlicht
b. Viele Nährstoffe
c. Wassertemperatur über 5 °C

Die richtige Antwort ist a:
Nur mit Hilfe von Sonnenlicht können Wasserpflanzen mit Hilfe des Blattgrüns Sauerstoff produzieren.

Welche Organismen können Sauerstoff produzieren?

a. Tierisches Plankton
b. Kleinstlebewesen
c. Grüne Pflanzen

Die richtige Antwort ist c:
Alle grünen Pflanzen verarbeiten mit Hilfe des Chlorophylls (Blattgrün) und mit Hilfe von Licht Kohlensäure. Dieses Gas wird aufgespalten in die zum Wachstum notwendigen Kohlenhydrate, und als Abfall verbleibt der Sauerstoff, welcher teilweise in die Umgebung abgegeben wird.

Wozu dient die Entnahme von Wasserproben bei einem Fischsterben?

a. Zur Beruhigung der Öffentlichkeit
b. Ohne Sinn
c. Der Ermittlung von Ursachen und Verursachern

Die richtige Antwort ist c:
Wasserproben können die Verursacher und die Ursache einer Gewässerverunreinigung feststellen.

Wie bilden sich Temperaturschichten in stehenden Gewässern?

a. Das Tiefenwasser wird durch Bodenwärme aufgeheizt
b. Weil Wasser mit verschiedenen Temperaturen unterschiedliches Gewicht hat
c. Weil wärmeres Wasser schwerer ist und nach unten sinkt

Die richtige Antwort ist b:
In stehenden Gewässern fällt die Temperatur des Wassers von oben nach unten, da die oberen Wasserschichten durch die Sonneneinstrahlung stärker aufgewärmt werden als die tieferen. Sehr kaltes Wasser ist auch deutlich schwerer als warmes.

Welche Wasserpflanzen stehen unter striktem Naturschutz?

a. Wasserlinsen und Schilf
b. Gelbe Teichrose und weiße Seerose
c. Tausendblatt und Rohrkolben

Die richtige Antwort ist b:
Die gelbe Teichrose und die weißen Seerosen sind streng geschützt und dürfen weder beschädigt noch entfernt werden.

Welche natürlichen Vorgänge können den Sauerstoffgehalt von stehenden Gewässern unter das für Fische erträgliche Maß absinken lassen?

a. Durch massenhaftes Auftreten von Wasserinsekten
b. Durch Sauerstoffverbrauch bei Nacht infolge starker Pflanzenatmung
c. Durch erhöhten Sauerstoffverbrauch der Fische

Die richtige Antwort ist b:
Pflanzen sind nicht nur Sauerstoffproduzenten, sondern sie benötigen auch für ihre eigene Atmung Sauerstoff. Ohne Sonnenlicht und in der Dunkelheit ist der Sauerstoffverbrauch höher als die Produktion. Daher kann es in besonders ungünstigen Fällen zu einem Sauerstoffmangel für die Fische kommen.

Welche ungünstigen Witterungsverhältnisse können in stark bewachsenen Gewässern zu Fischsterben infolge Sauerstoffmangels führen?

a. Ruhige, kalte Nächte
b. Vollmond
c. Windstille, warme, trockene Nächte

Die richtige Antwort ist c:
Wasser erhält den lebensnotwendigen Sauerstoff aus der Luft und über die Pflanzen. Wenn Gewässer stark verkrauten und ihre Oberfläche von Pflanzen überwuchert ist, kann in besonders warmen und windstillen Nächten der Sauerstoffverbrauch der Pflanzen den Fischbestand gefährden.

Sind Laich und Larven von Amphibien schädlich für die Fischbrut?

a. Ja, sie sind giftig
b. Nein
c. Ja, sie sind Parasiten

Die richtige Antwort ist b:
Keine Eier oder Larven/Kaulquappen von Amphibien schädigen das Fischvorkommen. Sie ernähren sich hauptsächlich von kleinen Pflanzenteilen und Weichtieren. Diese nützlichen Wasserbewohner bereichern teilweise das Nahrungsangebot für Fische.

In welcher richtigen Reihenfolge wachsen Pflanzen vom Ufer aus gesehen?

a. Harte Flora - Schwimmblattpflanzen - Laichkräuter - unterseeische Wiesen
b. Laichkräuter - harte Flora - weiche Flora - Schwimmblattpflanzen
c. Schwimmblattpflanzen - harte Flora - Laichkräuter - unterseeische Wiesen

Die richtige Antwort ist a:
Wachstum und Verbreitung der Pflanzen ist abhängig von der Gewässertiefe. Am Ufer und im flachen Wasser bilden sich die harten Gewächse, wie Schilf und Rohr. In tieferem Wasser folgen Schwimmblattpflanzen, wie Froschbiß, Wasserlinsen und Seerosen, danach wachsen die ersten Laichkräuter, und es bilden sich unterseeische Wiesen.

Was ist ein eutrophes Gewässer?

a. Es ist arm an Nährstoffen
b. Es ist reich an Nährstoffen
c. Es ist ein Gewässer mit einem hohen pH-Wert

Die richtige Antwort ist b:
Fruchtbare Gewässer werden als eutrophe Gewässer bezeichnet. Der pH-Wert ist besonders günstig und die Nährstoffzufuhr optimal. Als Folge daraus ergibt sich ein üppiger Pflanzenwuchs, welcher die Grundlage der Nahrungskette bildet. Nährstoffreiches Wasser ist trüb. Typische Beispiele hierfür sind die langsam fließenden unteren Regionen der Flüsse sowie die Seen der Tiefebenen.

Was ist unter dem Begriff Wasserblüte zu verstehen?

a. Eine Verfärbung des Wassers durch Chemikalie
b. Eine Verfärbung des Wassers durch Abwässer
c. Eine Verfärbung des Wassers durch übermäßige Algenentwicklung

Die richtige Antwort ist c:
Die extreme Entwicklung von schwebenden Grünalgen (Phytoplankton) in stehenden Gewässern bezeichnet man als Wasserblüte.

Welche Abwässer verursachen Sauerstoffmangel im Gewässer?

a. Saure Abwässer
b. Lehmschlammabwässer
c. Fäulnisfähige, organische Abwässer

Die richtige Antwort ist c:
Für den Fäulnisprozeß im Wasser wird Sauerstoff benötigt. Werden fäulnisfähige, organische Abwässer eingeleitet, können große Mengen davon zu einem Sauerstoffmangel und zum Tod der Fische führen.

Verursachen auch geringe Mengen von Abwasser biologische Schäden in den Gewässern?

a. Nein, geringe Mengen stören nicht
b. Ja, Tier- und Pflanzenwelt reagieren auf kleinste Veränderungen
c. Nein, die Selbstreinigung der Gewässer ist dem gewachsen

Die richtige Antwort ist b:
Selbst kleine Mengen von Abwässern können das Leben in Gewässern gefährden.

Welches sind die fischereilichen Besonderheiten frischer Baggerseen?

a. Zu wenig Sauerstoffgehalt
b. Wenig Nährstoffgehalt
c. Zu unterschiedliche Wassertemperaturen

Die richtige Antwort ist b:
Junge Baggerseen sind arm an Nährstoffen. Die Pflanzenwelt kann sich in jungen Baggerseen noch nicht ausreichend entwickelt haben. Daher fehlt das tierische Plankton als erstes Glied der Nahrungskette, und steht nicht in der gewünschten Menge zur Verfügung. Mit dieser Lücke in der Nahrungskette ist eine fischereiliche Nutzung schwierig.

Gewässerkunde, Fischhege, Natur- und Tierschutz

Was ist die erste Maßnahme bei der Entdeckung eines Fischsterbens?

a. Der Gewässerbesitzer wird sofort informiert

b. Nichts, nur speziell ausgebildete Personen sind berechtigt einzugreifen

c. Man entnimmt sofort Wasserproben und verständigt Polizei sowie Ordnungsamt

Die richtige Antwort ist c:
Bei Anzeichen eines Fischsterbens sind sofort Wasserproben zu entnehmen und die Polizei und das Ordnungsamt zu benachrichtigen.

Hat die Wassertemperatur Einfluß auf die Löslichkeit für Sauerstoff?

a. Ja, warmes Wasser löst Sauerstoff besser

b. Nein

c. Ja, kaltes Wasser bindet mehr Sauerstoff

Die richtige Antwort ist c:
Kaltes Wasser ist in der Lage, Sauerstoff bedeutend besser zu speichern als warmes. Daher leben Fische mit hohem Sauerstoffbedarf zum größten Teil in kalten, sauerstoffreichen Gewässern.

Warum wird das Leben in Gewässern von organischen, fäulnisfähigen Abwässern geschädigt?

a. Fäulnis verbraucht Sauerstoff

b. Das Wasser erwärmt sich

c. Das Gewässer wird trüb

Die richtige Antwort ist a:
Wenn fäulnisfähige organische Abwässer in Gewässer eingeleitet werden, entziehen sie diesem durch den Fäulnisprozeß Sauerstoff. Der natürliche Stoffwechselkreislauf wird dadurch gestört.

Welche Abwassereinwirkung verursacht den Verlust der Schleimhaut bei Fischen?

a. Trübe Abwässer

b. Ätzende Abwässer

c. Organische Abwässer

Die richtige Antwort ist b:
Ein großer Teil der Industrieabwässer enthält ätzende Substanzen, die beim Fisch die Schädigung oder den Verlust der Schleimhaut hervorrufen können.

Weswegen sind Abwässer aus der Landwirtschaft für Fische schädlich?

a. Ihr Abbau im Gewässer bindet sehr viel Sauerstoff

b. Sie erwärmen das Gewässer

c. Sie enthalten giftige Stoffe

Die richtige Antwort ist a:
Landwirtschaftliche Abwässer sind organisch und fäulnisbildend, wie z. B. die Jauche. Der Zersetzungsprozeß entzieht dem Wasser erhebliche Mengen an Sauerstoff und schädigt damit die Fische.

Welches Wasser enthält wenig Sauerstoff?

a. Flußwasser

b. Quellwasser

c. Seewasser

Die richtige Antwort ist b:
Quellwasser ist besonders sauerstoffarm, da es erst nach seinem Austritt aus der Erde mit Sauerstoff in Berührung kommt. Darüber hinaus fehlt ihm die Lieferung von Sauerstoff durch Pflanzen.

Weswegen sind Abwässer von Baustellen fischereischädlich (Baukalk-, Beton-, Zementwässer)?

a. Sie trüben das Wasser sehr

b. Sie sind säurehaltig

c. Sie sind alkalisch und enthalten ätzende Lauge

Die richtige Antwort ist c:
Zement-, Beton- und Baukalkabflüsse enthalten eine ätzende Lauge. Sie sind stark alkalisch.

Nach welchen Kriterien richten sich Besatzmaßnahmen?

a. Nach den Wünschen des Gewässerinhabers

b. Nach den finanziellen Möglichkeiten

c. Nach ökologischen und fischereibiologischen Gesichtspunkten

Die richtige Antwort ist c:
Eine Besatzmaßnahme richtet sich immer danach aus, welche Lebenschancen das Gewässer welchen Fischarten bietet. Sauerstoffgehalt, pH-Wert und Nahrungsangebot sind entscheidende Kriterien für die Besetzung mit Fischen.

Bei einem Fischsterben in Fließgewässern müssen Wasserproben entnommen werden. Wo?

a. Am Grund des Gewässers
b. An der Fundstelle der toten Fische sowie aus verdächtigen Einleitungsstellen unterhalb und oberhalb derselben
c. Mehrere Proben aus der Mitte des Gewässers

Die richtige Antwort ist b:
In Fließgewässern sollte die erste Wasserprobe zwischen den toten Fischen entnommen werden. Danach soll nach der möglichen Einleitungsstelle Ausschau gehalten werden. Von diesen Einleitungsstellen sind ebenfalls Proben zu ziehen. Zur Absicherung des Untersuchungsergebnisses dieser Einleitungsprobe sollten darüber hinaus Proben unterhalb und oberhalb der Einleitungsstelle entnommen werden, um sicherzugehen, daß die verdächtige Einleitung wirklich das Fischsterben verursacht hat.

Welche Stoffe sind als Pflanzennährstoffe im Wasser besonders wichtig?

a. Phosphate und Stickstoff
b. Lehm und Kies
c. Wasserstoff und Kohlenstoff

Die richtige Antwort ist a:
Phosphate und Stickstoff gehören zu den wichtigsten Nährstoffen für alle Wasserpflanzen. Sie sind Grundvoraussetzung für Wachstum und Funktion der Photosynthese.

Welche Menge Wasser benötigt man für eine Probe?

a. 50 Milliliter (ml)
b. 200 Milliliter (ml)
c. 1 Liter (l)

Die richtige Antwort ist c:
Zur sorgfältigen Untersuchung von Wasser wird dieses in den Laboratorien mehreren Prüfungen unterzogen. Dazu wird ca. 1 Liter benötigt.

Wo bewahre ich Wasserproben auf, welche nicht an Ort und Stelle untersucht werden können?

a. Im Freien
b. Möglichst warm
c. Im Kühlschrank

Die richtige Antwort ist c:
Ideal ist es, die Wasserprobe bis zur Übergabe an behördliche Stellen im Kühlschrank aufzubewahren. Damit wird gewährleistet, daß der Verunreinigungszustand der Probe unverändert bleibt.

Welche Behälter sind für die Entnahme von Wasserproben geeignet?

a. Sterile Behälter
b. Alle Arten von Behältern und Flaschen
c. Sorgfältig gereinigte Plastikflaschen ohne Reste des früheren Inhalts oder eines Spülmittels mit 1 Liter Inhalt

Die richtige Antwort ist c:
Damit die Probe nicht verfälscht wird, muß die Flasche absolut sauber sein und darf keine Reste von dem vorherigen Inhalt oder von einem Reinigungsmittel enthalten. Dabei haben sich unzerbrechliche Plastikflaschen besonders bewährt, da eine Wasserprobe unter Umständen auch verschickt werden muß.

Wo sollen verendete, krankheitsverdächtige Fische bis zu ihrer Untersuchung gelagert werden?

a. Im Freien
b. In Kühltruhe oder Gefrierfach
c. Bei Tagestemperatur

Die richtige Antwort ist b:
Wenn eine sofortige Untersuchung eines toten, krankheitsverdächtigen Fisches nicht erfolgen kann, ist es notwendig, diesen bis zur Untersuchung tiefgekühlt zu lagern. Kühltruhe oder Gefrierfach sind dafür bestens geeignet. Zur Lagerung verpackt man den Fisch am besten in eine wasserdichte Plastiktüte.

Spielen Altarme ökologisch gesehen eine besonders wichtige Rolle?

a. Ja, der Wasserwert in Altarmen ist besonders stabil
b. Ja, der Altarm bietet geeignete Lebensbedingungen für Fische, Vögel und Amphibien
c. Nein

Die richtige Antwort ist b:
Altarme gehören zu den letzten natürlichen Biotopen in unseren Landschaften und sind daher besonders schutzwürdig. Sie sind Reservate für Fische, Amphibien und Wasservögel.

Gewässerkunde, Fischhege, Natur- und Tierschutz

Macht es Sinn, große Raubfische in einem Gewässer besonders zu schonen?

a. Nein, große Fische sind schlechte Futterverwerter
b. Es spielt keine Rolle
c. Ja, große Fische sind der ganze Stolz des Gewässers

Die richtige Antwort ist a:
Große Raubfische, wie Hecht und Waller, sind starke Räuber. Dabei verwerten sie das Futter im Alter zunehmend schlechter. Ihr Wachstum läßt nach. Daher sollten große Räuber gezielt befischt und dem Gewässer entnommen werden.

Was bedeutet der pH-Wert bei einer Wasserprobe?

a. Es handelt sich um den Gehalt von Industrierückständen
b. Er informiert darüber, ob das Wasser sauer, neutral oder alkalisch ist
c. Er gibt Auskunft über den Verschmutzungsgrad

Die richtige Antwort ist b:
Der pH-Wert gibt Auskunft über den Säure- bzw. Laugengehalt des Wassers. Ein pH-Wert von 7 bedeutet, daß Säure und Lauge sich die Waage halten und das Wasser neutral ist. Je niedriger der Wert, um so saurer, sprich säurehaltiger, wird das Wasser. Je höher der Wert, also über 7, um so laugenhaltiger, sprich alkalischer, wird das Wasser.

Können durch Krankheit oder Verunreinigung erkrankte oder verstorbene Fische gegessen oder verfüttert werden?

a. Es bestehen keine Bedenken
b. Nur für Menschen sind diese Fische ungenießbar
c. Die Fische sind auf gar keinen Fall genießbar und müssen sofort entsorgt werden

Die richtige Antwort ist c:
Auf gar keinen Fall dürfen tote oder kranke Fische gegessen, verfüttert oder anderweitig benutzt werden. Diese Tiere sind sofort ordnungsgemäß zu entsorgen.

Können starke, mit Lehm- und Tontrübe verschmutzte Abwässer das Gewässer und die Fische schädigen?

a. Ja, solche Trübungen entziehen dem Wasser Sauerstoff
b. Ja, die Trübstoffe können sich in die Kiemen der Fische setzen und zum Erstickungstod führen
c. Nein, sie sind unschädlich

Die richtige Antwort ist b:
Die feinen Segmente dieser Abwässer bleiben leicht in den feinen Kiemen der Fische hängen und können diese verstopfen. In extremen Fällen wird die Atmung der Fische dadurch so stark behindert, daß sie sterben.

Welche Bereiche von stehenden Gewässern sind am ehesten von Sauerstoffmangel betroffen?

a. Die Tiefe
b. Das Ufer
c. Die Oberfläche

Die richtige Antwort ist a:
Der Sauerstoffgehalt des Wassers in stehenden Gewässern ist immer in der Nähe der Wasseroberfläche am größten. In sehr tiefen Wasserschichten, in denen kein Austausch stattfindet, kann es leicht zu einem Defizit von Sauerstoff kommen.

Was muß beachtet werden, bevor Wasserproben in Zusammenhang mit Gewässerverschmutzung zur Untersuchung verwendet werden?

a. Der Versand muß per Einschreiben erfolgen
b. Die Proben müssen durch Boten überbracht werden
c. Alle Proben müssen mit genauen Angaben versehen werden, wie: Gewässername, Datum, Uhrzeit, Entnahmestelle, Name des Absenders, Name des Probenentnehmers. Andere wichtige Angaben zum Gewässer bzw. zu dem Vorgang sollten in einem Begleitschreiben enthalten sein

Die richtige Antwort ist c:
Wasserproben sind nur verwendbar, wenn sie mit allen notwendigen Angaben versehen sind. Die wichtigsten Angaben sind das Datum, die Uhrzeit, der Entnahmeort, der Probennehmer und der Absender. Andere Angaben sind in einem beigefügten Schreiben mit aufzuführen.

Haben Insekten und andere Kleintiere im Gewässer einen Nutzen?

a. Ja, sie sind wichtige Sauerstofflieferanten
b. Nein
c. Ja, sie sind ein wichtiges Glied in der Ernährungskette

Die richtige Antwort ist c:
Insekten und Kleintiere sind ein wichtiges Glied in der Ernährungskette und Grundlage für den Fischbestand.

Welche Fischregion beherbergt die meisten Fischarten im Fließgewässer?

a. Forellenregion
b. Brackwasserregion
c. Brassenregion

Die richtige Antwort ist c:
In der Brassenregion der Flüsse sind die meisten Fischarten anzutreffen.

Was bedeutet die Bezeichnung Altwasser?

a. Ein Gewässer mit altem Fischbestand
b. Ein Gewässer, welches aus der Geschichte her bekannt ist
c. Ein abgeschnittener alter Teil eines Fließgewässers

Die richtige Antwort ist c:
Als Altarme oder Altwasser werden wassergefüllte, abgeschnittene Flußwindungen bezeichnet, die von dem Flußbett getrennt sind.

Bei welchem pH-Wert fühlen sich unsere einheimischen Fische am wohlsten?

a. 3,4 bis 5,1
b. 6,5 bis 8,5
c. 9,0 bis 12,0

Die richtige Antwort ist b:
Je nach Fischart und Gewässertyp fühlen sich unsere einheimischen Fische bei einem pH-Wert von 6,5 bis 8,5 am wohlsten. Höhere Werte sind ungünstig, da sie zuviel Lauge enthalten und sich ätzend auswirken. Ähnliches gilt für niedrigere Werte, bei denen es sich jedoch um höhere Säureanteile im Wasser handelt.

Welche Nahrung bevorzugen die farbigen Libellen?

a. Pflanzen
b. Insekten
c. Fische

Die richtige Antwort ist b:
Die bevorzugte Nahrung der farbigen Libellen sind Insekten, welche sie im Flug fangen und verzehren. Libellen legen ihre Eier ins Wasser ab, aus denen sich Larven entwickeln. Diese Larven sind räuberisch und ernähren sich von Kleintieren. Je nach Libellenart entsteigen die Larven dem Wasser nach 1 bis 3 Jahren und verwandeln sich in eine Libelle - ähnlich, wie eine Raupe zum Schmetterling wird.

Welchen Zweck hat die Fangstatistik?

a. Überhaupt keinen
b. Sie dient als Nachweis besonders kapitaler Fänge
c. Sie ist Unterlage für die Bewirtschaftung eines Gewässers und gibt Auskunft bei eventuellen Schadenersatzforderungen

Die richtige Antwort ist c:
Nur mit der Führung einer Fangstatistik lassen sich auf die Entwicklung eines Gewässers bzw. von dessen Fischarten Rückschlüsse ziehen. Aufgrund einer solchen Statistik kann man einen gezielten Besatz einschätzen sowie bei einem Schadensfall den konkreten Nachweis des Bestandes erbringen.

Welche Kriterien sind beim Besatz von Fischen besonders zu beachten?

a. Der Besatztermin ist geheim und darf auf keinen Fall bekannt werden
b. Das Gewässer ist für längere Zeit zu sperren
c. Transportwasser muß mit Besatzwasser gemischt und solange temperiert werden, bis dieselbe Temperatur wie das Besatzwasser erreicht ist. Geeignete Stellen müssen ausgewählt werden.

Die richtige Antwort ist c:
Zur Vermeidung von Transport- und Temperaturschocks wird das Transportwasser temperiert und mit dem Besatzwasser vorsichtig gemischt und angepaßt. Die Besatzfische werden an Stellen ausgesetzt, welche ihrer Lebensgewohnheit entsprechen.

Gewässerkunde, Fischhege, Natur- und Tierschutz

Welche Punkte sind beim Kauf von Besatzfischen besonders zu beachten?

a. Die Fische müssen gesund sein und frei von jeglichen Parasiten
b. Die Fische müssen preiswert sein
c. Alle Fische sollten gleichgroß und gleichschwer sein

Die richtige Antwort ist a:
Bei Besatz von neuen Fischen in die Gewässer ist besonders darauf zu achten, daß diese Tiere von einwandfreier Qualität sind. Das bedeutet, die Tiere müssen frei sein von jeglichen Parasiten, Pilzen oder Krankheitsbefall. Ist nur ein Tier von Krankheit oder Parasiten befallen, kann davon ausgegangen werden, daß auch die anderen in kürzester Zeit davon befallen werden. Ein eventuell äußeres Erkennungsmerkmal ist der Augendrehreflex. Gesunde Fische, in die Seitenlage gebracht, drehen ihre Augen nach oben. Fehlt dieser Reflex, liegt der Verdacht einer Krankheit nahe.

Was bedeutet das Wort Wasserpest?

a. Eine Fischkrankheit
b. Eine Wasserpflanze
c. Eine Wasservergiftung

Die richtige Antwort ist b:
Bei der Wasserpest handelt es sich um eine Unterwasserpflanze, welche im vergangen Jahrhundert aus Nordamerika eingeführt wurde. Da sich in Deutschland nur eine Fischart, die Rotfeder, hauptsächlich von Wasserpflanzen ernährt, konnte sich diese neue Pflanzenart explosionsartig (wie die Pest) vermehren.

Ist der Sauerstoffgehalt in fließenden Gewässern höher oder niedriger als in stehenden Gewässern?

a. Kein Unterschied
b. Er ist höher durch die ständige Vermengung zwischen Wasser und Luft
c. Er ist niedriger, weil der Sauerstoff von der Fließgeschwindigkeit des Wassers herausgedrückt wird

Die richtige Antwort ist b:
Besonders sauerstoffreich sind schnelle und bewegte Gewässer.

Welche Lebewesen können auch in tiefen Gewässerschichten ohne Licht dauernd leben?

a. Wasserpflanzen
b. Bakterien
c. Pflanzliches Plankton

Die richtige Antwort ist b:
Bakterien und ihr Stoffwechsel sind nicht direkt vom Licht abhängig. Viele von ihnen können in den dunklen, tiefen Zonen der Gewässer leben.

Kann man junge, gerade fertiggestellte Baggerseen fischereilich nutzen?

a. Ja, ohne weiteres
b. Nein, erst nach der Entwicklung von Flora und Fauna
c. Ja, bei sofortigem starken Fischbesatz

Die richtige Antwort ist b:
Junge stillgelegte Baggerlöcher müssen erst eine ausreichende Flora und Fauna bilden, bevor sie fischereilich genutzt werden können.

Was sind die typischen Kennzeichen eines stehenden, fruchtbaren Gewässers?

a. Flacher Uferbereich
b. Klares Wasser
c. Trübes Wasser durch Plankton

Die richtige Antwort ist c:
Nährstoffreiche, fruchtbare Gewässer haben eine natürliche Trübung durch die Bildung von Schwebealgen. Dieses Biotop ist eine ideale Lebensbedingung für die Kleintierwelt, welche wieder Voraussetzung für ein reichhaltiges Nahrungsangebot der Fische ist.

Wieso können sich Gewässerausbau und -unterhaltung nachteilig auf die Fischerei auswirken?

a. Das Wasser erwärmt sich sehr schnell
b. Die Fließgeschwindigkeit wird zu hoch
c. Es werden natürliche Lebensräume zerstört oder beeinträchtigt

Die richtige Antwort ist c:
Wasserbaumaßnahmen und -unterhaltungen, wie Begradigung und Ausbau von Flußläufen, wirken sich nachteilig auf die natürlichen Lebensräume aus.

Können Fischeingeweide unbedenklich ins Wasser geworfen werden?

a. Ja, Fische fressen diese gerne
b. Nein, es könnten Krankheitskeime übertragen werden
c. Ja, Eingeweide gehören zum natürlichen Kreislauf

Die richtige Antwort ist b:
Sehr häufig finden sich in den Eingeweiden der Fische verschiedene Krankheitserreger. Daher ist es nicht sinnvoll, diese Eingeweide unbedacht ins Wasser zu werfen. Diese Handlung kann zur Ausbreitung einer Seuche beitragen.

Sind flache Ufer an Gewässern besonders wichtig?

a. Nein
b. Ja, flache Ufer sind ein wichtiger Bestandteil des Gewässers
c. Ja, Wassergeflügel benötigt das flache Ufer zum besseren Landen

Die richtige Antwort ist b:
Flache Uferbereiche sind ein wichtiger Bestandteil aller Gewässer. Diese Bereiche sind die Kinderstube vieler Fische, das Wasser erwärmt sich besonders schnell, und viele Algen und Kleintiere finden dort ideale Lebensbedingungen. Diese wiederum stellen ein reichhaltiges Nahrungsangebot für die Jungfische dar. Darüber hinaus fördert die höhere Temperatur das Wachstum der Fische.

In fließenden Gewässern gibt es tiefe Stellen, die man als Kolke oder Gumpen bezeichnet. Welche Bedeutung haben sie?

a. Die Strömung ist sehr stark, und Fische vermeiden diesen Standplatz
b. Fische bevorzugen diese Standplätze
c. Das tiefe Wasser in Gumpen ist sauerstoffarm und gefährlich

Die richtige Antwort ist b:
Tiefe Stellen im Gewässergrund von Fließgewässern bieten gute Lebensbedingungen für verschiedene Fisch- und Tierarten. Das Nahrungsangebot ist daher für alle Fische besonders reichhaltig. Gumpen und Kolke sind auch geeignete Fangplätze für Angler.

Wieso ist in vielen Gewässern ein künstlicher Fischbesatz notwendig?

a. Es gibt zuviele Fischräuber
b. Viele Gewässer bieten keine natürlichen Laich- und Aufwuchsplätze mehr
c. Es gibt zu wenig Rogner in den Gewässern

Die richtige Antwort ist b:
Durch menschlichen Eingriff sind viele Gewässer so verändert, daß natürliche Laich- und Aufwuchsplätze zerstört wurden, bzw. bei neu angelegten Gewässern wurde diesen wichtigen Plätzen keine Rechnung getragen.

Daher ist es notwendig, daß bei dieser Art von Gewässern die Fanggründe durch künstlichen Fischbesatz erhalten werden.

Wieso ist die Tierwelt der sauerstoffreichen Bäche besonders empfindlich gegenüber Sauerstoffmangel?

a. Die Fortpflanzung ist bei Sauerstoffmangel ausgeschlossen
b. Die Tiere haben sich der hohen Sauerstoffkonzentration der Bäche angepaßt
c. Der pH-Wert steigt bei Sauerstoffmangel zu sehr an

Die richtige Antwort ist b:
Die sauerstoffreichen Bäche liefern den notwendigen Sauerstoff für den hohen Sauerstoffbedarf für Fische in dieser Region.

Dieser Sauerstoffgehalt ist besonders empfindlich und kann durch äußere Einflüsse stark geschädigt werden. Dadurch sind diese sauerstoffbedürftigen Tiere besonders gefährdet.

Was sind die bevorzugten Laichgewässer der Molche?

a. Große Seen
b. Stehende, kleine Gewässer
c. Das Salzwasser

Die richtige Antwort ist b:
Die Molche sind Amphibien und zählen zu den Vertretern der Schwanzlosen. Im Frühjahr legen sie ihre Eier in kleinen, stehenden Gewässern ab. Nach diesem Laichakt kehren einige Arten, wie die Kröten, wieder an Land zurück.

Gewässerkunde, Fischhege, Natur- und Tierschutz

Welche Vogelarten sind sehr selten und daher in ihrem Bestand stark gefährdet?

a. Möwe und Blesshuhn
b. Stockente und Schwarzdrossel
c. Großer Brachvogel und Bekassine

Die richtige Antwort ist c:
Zu den besonders gefährdeten Sumpfhühnern zählen die Bekassine und der große Brachvogel. Diese beiden Vogelarten unterliegen strengstem Naturschutz. Alle Angler sind sich dieses Schutzes bewußt und verhalten sich dementsprechend rücksichtsvoll.

Welche Maßnahmen stören das natürliche Biotop?

a. Einbringen von Amphibienlaich in stehende Gewässer
b. Starke Besatzmaßnahmen mit Fischen
c. Bepflanzung von Uferregionen mit Wasserpflanzen

Die richtige Antwort ist b:
Ein zu starker Besatz mit Fischen kann das biologische Gleichgewicht eines Gewässerbiotops nachhaltig stören und muß daher als schädlich angesehen werden.

Weswegen suchen Kröten im Frühjahr kleine, stehende Gewässer auf?

a. Sie baden sehr gerne
b. Sie schützen sich vor Austrocknung
c. Sie legen ihren Laich ab

Die richtige Antwort ist c:
Kröten suchen im Frühjahr Gewässer auf, um dort ihren Laich in perlenschnurartigen Bändern abzulegen.

Welche Reptilien bevorzugen Gewässer und Feuchtgebiete als ihren Lebensraum?

a. Die Blindschleiche
b. Die Eidechse
c. Die Ringelnatter

Die richtige Antwort ist c:
Die völlig harmlose Ringelnatter ist eine Schlange, welche wasserreiche Gegenden bevorzugt. Sie ist deutlich an ihren halbmondförmigen Flecken links und rechts des Kopfes zu erkennen. Sie wird bis zu einem Meter lang und lebt von kleinen Fischen und Amphibien. Wie alle anderen Reptilien steht sie unter strengstem Naturschutz.

Ist es nützlich, Tümpel und andere Kleingewässer zu beseitigen?

a. Ja, sie sind Brutstätten von Infektionsüberträgern
b. Nein, der Lebensraum vieler Tiere und Pflanzen wird ebenfalls zerstört
c. Ja, es wird dadurch zusätzliche Produktionsfläche gewonnen

Die richtige Antwort ist b:
Kleine Teiche und Wasserflächen sind eine Bereicherung unserer Natur. Ihre Vernichtung führt oft zur Vertreibung oder zum Aussterben bedrohter Pflanzen und Tiere.

Welches sind die ersten Maßnahmen nach dem Fang eines maßigen Fisches, welcher für den Verzehr bestimmt ist?

a. Entfernen des Angelhakens
b. Betäuben und töten
c. Wiegen und fotografieren

Die richtige Antwort ist b:
Ein maßiger Fisch, welcher außerhalb seiner Schonzeit gefangen und gelandet wird und zum Verzehr bestimmt ist, ist sofort nach der Landung zu betäuben und zu töten. Andere Fische, welche wieder in das Wasser zurückgesetzt werden, sind besonders schonend zu behandeln. Sie werden nur mit feuchten Händen berührt, und der Haken wird behutsam gelöst. Der Fisch wird solange im Wasser aufrecht gehalten, bis er von sich aus wegschwimmt.

Sind Flachwasserzonen mit Schilfgürtel, Schwimmblattpflanzen und Unterwasserwiesen für Baggerseen oder ähnliche Gewässer notwendig?

a. Ja, diese Flachwasserzonen sind wichtige Biotope für Fischnährtiere, Fischbrut und Laichplatz für viele Fische und Amphibien
b. Nein, Sie ermöglichen kein kontrolliertes Befischen der Gewässer
c. Nein, solche Gebiete sind Brutstätten von Infektionen und Krankheiten

Die richtige Antwort ist a:
Für eine intakte Fischwelt ist ein breiter Ufergürtel sehr wichtig. Deshalb sollten auch künstliche Seen, wie Baggerseen oder Rückhaltebecken, Flachwasserzonen aufweisen. Flachwasserzonen sind wichtig für das Aufkommen von Fischnährtieren und als Laich- und Aufzuchtsplätze von Fischen und Amphibien.

Wo ist die Wasseramsel heimisch?

a. An Baggerseen
b. Im Salzwasser
c. Im Quellbereich von Fließgewässern

Die richtige Antwort ist c:
Die Wasseramsel ernährt sich hauptsächlich von Köcherfliegenlarven, Bachflohkrebsen und ähnlichen Wasserinsekten, welche nur in sauerstoffreichen, schnellfließenden Gewässern vorkommen.

Diese sind hauptsächlich in den Quellbereichen von Flüssen und Bächen der Mittelgebirge zu finden. Die Wasseramsel schwimmt, taucht und läuft über Grund der klaren Bäche bei ihrer Nahrungssuche.

Welche Tierart zählt zu den Amphibien?

a. Kröte und Frosch
b. Eidechse und Ringelnatter
c. Wasserschildkröte

Die richtige Antwort ist a:
Frosch und Kröte zählen zu den Amphibien. Sie sind nach den Fischen die zweite Entwicklungsstufe bei den Wirbeltieren. Dabei unterscheiden wir zwischen schwanzlosen Amphibien, wie den Fröschen und Kröten, sowie den Amphibien mit Schwanz, wie Salamander und Molch.

In der nächsten Stufe der Entwicklung der Wirbeltiere kommen die Reptilien und Vögel. Säugetiere stellen die letzte Entwicklungsstufe unter den Wirbeltieren dar.

Welche Angaben sind für die Fangstatistik notwendig?

a. Art, Länge und Gewicht des Fisches sowie das korrekte Fangdatum
b. Form, Färbung, Größe sowie verwendetes Gerät
c. Witterung, Köder, Wassertemperatur sowie Länge des verbrachten Angeltages

Die richtige Antwort ist a:
Die Fangstatistik dient dem Gewässerbesitzer/-inhaber zur sorgfältigen Pflege des Fischbestandes. Dazu benötigt er die genauen Angaben über Art, Länge und Gewicht der Fische und an welchem Tag sie gefangen wurden.

In welcher Wassertiefe können grüne Pflanzen wachsen und gedeihen?

a. Soweit genügend Licht vorhanden ist
b. Solange der Wasserdruck nicht steigt
c. Pflanzenwuchs ist unabhängig von der Tiefe

Die richtige Antwort ist a:
Pflanzen benötigen zu ihrem Wachstum ausreichendes Sonnenlicht. Soweit wie dieses Licht reicht, entwickeln sich auch grüne Pflanzen. Dies ist von Gewässer zu Gewässer unterschiedlich und hängt auch mit der Trübung bzw. Klarheit des Wassers zusammen.

Was bedeutet der Ausdruck Fluchtdistanz?

a. Ein besonders weiter Wurf
b. Die zurückgelegte Distanz eines gehakten Fisches nach dem Anhieb
c. Die Entfernung, nach der Tiere vor einer vermeintlichen oder wirklichen Gefahr flüchten

Die richtige Antwort ist c:
Tiere - auch Fische - flüchten nicht willkürlich und in Panik. Dies geschieht erst bei Unterschreitung der Fluchtdistanz. Diese Distanz ist eine natürliche Entfernung, die es jedem Tier ermöglicht, einer Gefahr zu entkommen.

Welche Maßnahmen fördern den Schutz und den Bestand des Eisvogels?

a. Schutz geeigneter Nistgebiete und Schaffung von sehr steilen Uferflächen
b. Schaffung von Sitzplätzen über dem Wasser
c. Zufüttern von kleinen Fischen

Die richtige Antwort ist a:
Der Bestand von Eisvögeln hängt hauptsächlich von geeigneten Nistbereichen an sehr steilen Ufern ab. Daher ist die Schaffung von Steilufern und Schutz geeigneter Nistbereiche eine wirksame Maßnahme, diesen bunten Vogel in seinem Bestand zu fördern und zu unterstützen.

Welche Art von Wasserinsekten steht unter Naturschutz?

a. Keine
b. Der Kolbenwasserkäfer
c. Der Wasserläufer

Die richtige Antwort ist b:
Der schwarze Kolbenwasserkäfer steht unter strengstem Naturschutz. Er ernährt sich hauptsächlich von Pflanzen und kann über 4 cm groß werden.

Gewässerkunde, Fischhege, Natur- und Tierschutz

Worauf haben Angler im Uferbereich mit starkem Pflanzenbestand (Schilf und Röhricht) besonders zu achten?

a. Daß kein Ausrüstungsgegenstand verlorengeht

b. Schilf und Röhricht ist soweit zu entfernen, bis ein guter Angelplatz entsteht

c. Angler müssen sich besonders ruhig verhalten, damit sie die dort befindliche Vogel- und Tierwelt nicht stören

Die richtige Antwort ist c:
Schilf- und Röhrichtgebiete sind beliebte Aufenthaltsorte und Nistplätze verschiedener Vögel und Tiere. Angler sind von ihrer Leidenschaft her Naturfreunde und verhalten sich in solchen Gebieten besonders ruhig und unauffällig. Durch ihr richtiges Verhalten stören sie keinen dieser Bewohner.

Wie verhält man sich beim Fang eines krankheitsverdächtigen Fisches?

a. Man tötet den Fisch und vergräbt ihn

b. Der Fisch wird dem zuständigen Gewässerwart/ Fischereiaufseher zwecks Untersuchung überlassen

c. Man setzt den Fisch schnell wieder ins Wasser zurück

Die richtige Antwort ist b:
Gefangene kranke Fische bedürfen einer sorgfältigen Untersuchung. An den meisten Gewässern sind dafür der Gewässerwart oder der Fischereiaufseher zuständig. Nach waidgerechtem Töten wird daher der krankheitsverdächtige Fisch diesen Personen zur weiteren Untersuchung überlassen.

Welche Gegenstände sind zum Töten eines Fisches notwendig?

a. Ein Stein

b. Eine Bierflasche

c. Fischtöter und Messer

Die richtige Antwort ist c:
Das waidgerechte Töten eines Fisches geschieht mit Fischtöter und Messer. Es sind zwei unverzichtbare Instrumente für den Angler.

Wie behandelt man einen Fisch, der den Angelhaken zu tief geschluckt hat?

a. Die Schnur wird abgeschnitten, der Fisch schnell zurückgesetzt

b. Der Fisch ist sofort waidgerecht zu töten

c. Man versucht, den Haken durch kräftiges Ziehen herauszureißen

Die richtige Antwort ist b:
Fische, die unglücklicherweise den Haken zu tief geschluckt haben, werden sofort waidgerecht getötet. Erst danach wird der Haken entfernt. Ein zu tiefes Schlucken des Hakens vermeidet der waidgerechte Angler durch größte Aufmerksamkeit und rechtzeitigen Anschlag. Hierbei gilt die Regel: Lieber den Anschlag zu früh als zu spät setzen.

Wie verhält man sich nach dem Fang eines untermaßigen Fisches?

a. Man schneidet die Schnur durch und läßt den Fisch wieder schwimmen

b. Man wickelt den Fisch in ein trockenes Tuch und entfernt den Haken, bevor man ihn wieder freiläßt

c. Man hakt den Fisch mit nassen Händen aus und setzt ihn vorsichtig ins Wasser zurück

Die richtige Antwort ist c:
Die Schleimhaut des Fisches ist besonders empfindlich. Man entfernt daher den Haken vom Fisch am besten in einem mit Wasser gefüllten Eimer, aber auf jeden Fall mit angefeuchteten Händen.

Wie verhält man sich an einem Gewässer mit sehr großen Beständen von gelben Teichrosen/weißen Seerosen?

a. Die Pflanzen werden entfernt, um bessere Angelplätze zu schaffen

b. Die genannten Pflanzen genießen strengsten Naturschutz und dürfen nicht entfernt werden

c. Das Wachstum der Pflanzen ist durch gezielte Maßnahmen zu fördern

Die richtige Antwort ist b:
Gelbe Teichrosen/weiße Seerosen dürfen grundsätzlich auch bei sehr üppigem Bestand nicht entfernt werden. Sie stehen unter strengem Naturschutz.

Welche Vogelarten findet man an Gewässern?

  a. Rabe, Spatz, Buchfink
  b. Eisvogel, Haubentaucher, Graureiher
  c. Elster, Habicht und Kleiber

Die richtige Antwort ist b:
Typische Vertreter von Vogelgattungen, die sich am Wasser aufhalten und sich auch von Fischen ernähren, sind Graureiher, Eisvogel und Haubentaucher. Die ausgewogene Anwesenheit dieser Vögel zeugt von einem gesunden Biotop.

Wo erhält man die Information, welche Tiere und Pflanzen besonders gefährdet sind?

  a. Es steht im Landesfischereigesetz
  b. Sie stehen in der sogenannten "Roten Liste" bzw. sind in dem "Washingtoner Artenschutzabkommen" aufgeführt
  c. Im Bürgerlichen Gesetzbuch

Die richtige Antwort ist b:
Über gefährdete Tier- und Pflanzenarten gibt die "Rote Liste" bzw. das "Washingtoner Artenschutzabkommen" Auskunft. Aber auch die Ministerien für Umwelt, Raumordnung, Landwirtschaft und Forsten der einzelnen Bundesländer geben Auskunft und erstellen „Rote Listen" für besonders gefährdete Tiere und Pflanzen. Bezugsquellen bekommt man bei Unterer und Oberer Fischereibehörde sowie im einschlägigen Buchhandel.

Wenn der Bestand einer einzelnen Fischart, z. B. Weißfische, in einem Gewässer überhand nimmt, sind welche Maßnahmen einzuleiten?

  a. Keine, der Bestand reguliert sich von selber
  b. Gezieltes hegerisches Befischen dieser Fischart bei gleichzeitigem geeigneten Besatz von Raubfischen
  c. Blutverbesserung durch Besatz gleicher, bedeutend größerer Fische

Die richtige Antwort ist b:
Gewässer, in welchen nur große Mengen einer Fischart vorkommen, sind nicht im biologischen Gleichgewicht. Hier ist es notwendig, hegerisch einzugreifen. Durch gezieltes Beangeln wird der Bestand dieser Fischart abgebaut. Eine weitere Maßnahme ist der Besatz von entsprechenden Raubfischen, wie Hecht und Zander.

Wie erfolgt die waidgerechte Tötung eines Fisches?

  a. Es wird das Rückgrat durchtrennt
  b. Man läßt ihn ersticken
  c. Der Fisch wird durch einen Schlag auf das Gehirn betäubt und durch einen Herzstich getötet

Die richtige Antwort ist c:
Der Fisch wird mit einem kräftigen Schlag auf das Gehirn betäubt und anschließend durch einen Stich in das Herz getötet. Dieser Stich erfolgt vom unteren Ansatz der Kiemendeckel nach oben in die Leibeshöhle. Erst nach diesen beiden Vorgängen wird der Haken vom Fisch gelöst.

Welcher Gewässertyp ist ideal für den Zander?

  a. Er ist warm und voller Wasserpflanzen
  b. Er ist klar und tief
  c. Er ist flach, hartgrundig und leicht trüb

Die richtige Antwort ist c:
Der Zander benötigt als ideale Lebensbedingungen ein Gewässer, welches ein intaktes Biotop hat und sauerstoffreich ist. Er bevorzugt leicht algentrübes Wasser mit flachen Stellen und steinigem Untergrund.

Welche Gewässer können von natürlichen Säuren gefährdet werden?

  a. Baggerseen
  b. Besonders schnelle Fließgewässer
  c. Gewässer, welche ihre Zuflüsse aus kalkarmen Gebieten mit Nadelholzbestand oder aus Mooren erhalten

Die richtige Antwort ist c:
Zuflüsse aus Moorgebieten und Nadelholzbeständen mit geringem Kalkgehalt haben einen sehr niedrigen pH-Wert. Dieser niedrige pH-Wert kann den natürlichen Säuregehalt des Gewässers gefährden.

Notizen

Gerätekunde

Welche Eigenschaften sind wichtig für eine Angelrute?

a. Sie muß große Ringe besitzen
b. Gute Angelruten haben eine Vollglasspitze
c. Mit einer Angelrute muß man gut werfen und den Fisch drillen können

Die richtige Antwort ist c:
Die Angelrute ist wichtig zum waidgerechten Fang von Fischen. Man muß mit ihr gut und genau werfen können, den Anhieb sicher setzen und den Fisch sauber drillen und landen. Die Rute muß entsprechend der zu erwartenden Beute schwer oder leicht gebaut sein.

Sind weggeworfene Schnurreste für die Umwelt gefährlich?

a. Ja, sie verschandeln die Umwelt
b. Ja, sie sind eine Gefahr für alle Tiere
c. Nein, monofile Schnüre verrotten schnell

Die richtige Antwort ist b:
Eine verschlissene Angelschnur darf niemals in der freien Natur weggeworfen werden. Sie ist eine Gefahr für alle Tiere. Monofile Schnüre verrotten nicht.

Wie unterscheiden sich die Rutengriffe von Spinnrute und Fliegenrute?

a. Durch ihre Länge
b. Durch ihren Durchmesser
c. Durch den Sitz des Rollenhalters vor oder hinter der führenden Hand

Die richtige Antwort ist c:
Bei Fliegenruten ist der Rollenhalter am unteren Ende der Rute angebracht. Die Wurfhand sitzt über dem Rollenhalter. Bei Spinnruten hingegen befindet sich der Rollenhalter vor der Wurfhand.

Bei welcher Fischereimethode finden Multi- bzw. Stationärrollen keinen Einsatz?

a. Beim Schleppfischen
b. Beim Pilken
c. Bei der Fliegenfischerei

Die richtige Antwort ist c:
Für die Fliegenfischerei sind Multi- und Stationärrollen ungeeignet. Hierfür gibt es spezielle Fliegenrollen, die in ihrer Bauart mit der Nottinghamrolle am nahesten verwandt sind.

Wie entsteht Schnurdrall?

a. Durch ständiges Pumpen mit der Rute
b. Nur bei Stationärrollen
c. Beim Fischen ohne Wirbel und Antikink

Die richtige Antwort ist b:
Speziell die Stationärrolle ist empfindlich gegen Schnurdrall. Durch das Verlegen der Schnur von der Längs- auf die Querachse und umgekehrt ist dieser Drall beim Schlepp- und Spinnfischen vorprogrammiert.

Waid- und pflichtbewußte Angler schalten daher Wirbel und/oder Antikinkflügel zwischen Vorfach und Schnur. Diese verhindern zuverlässig die Gefahr des Schnurdralls und die Verminderung der Tragkraft der Schnüre.

Wonach wird die Bremse einer Rolle eingestellt?

a. Nach der Länge der Rute
b. Nach dem größten zu erwartenden Fisch
c. Nach der Tragfähigkeit der Schnur

Die richtige Antwort ist c:
Die Bremse der Rolle richtet sich prinzipiell nach der Tragkraft der verwendeten Schnur. Während des Drills wird der Bremsdruck nicht über den Stellknopf verändert, sondern durch den Anstellwinkel der Ruten.

Bei hochgestellter Rute erhöht sich die Bremskraft, und der Fisch kann stärker forciert werden. Bei Senken der Rute verringert sich die Bremskraft. Bei richtiger Bremseinstellung kann die Schnur beim Fischfang nicht mehr reißen.

Wann muß die Tragfähigkeit der Angelschnur überprüft werden?

a. Nach einer Saison
b. Nie
c. Vor jedem Angeln

Die richtige Antwort ist c:
Moderne monofile (einfädige) Angelschnüre sind enorm leistungsfähig. Leider unterliegen sie aber auch einem starken Verschleiß. Starke Hitze, UV-Licht und kleine mechanische Verletzungen an der Oberfläche schwächen sie schnell. Daher muß vor jedem Angeln die Schnur genauestens überprüft werden. Die Knoten sind dabei die gefährdetsten Stellen.

Gerätekunde

Welche von den drei Angelrollentypen werden heute noch verwendet (Nottinghamrolle, Multirolle, Stationärrolle)?

a. Alle
b. Die Nottinghamrolle
c. Die Stationär- und Multirolle

Die richtige Antwort ist a:
Der Handel bietet auch heute noch alle drei Rollentypen an, welche je nach Fischereimethode ihren Einsatz finden. Mit über 90 % Marktanteil ist dabei die Stationärrolle in Deutschland die am häufigsten vertretene.

Welcher Ring an der Rute wird besonders stark belastet?

a. Der dritte und vierte Ring
b. Alle Ringe
c. Der Spitzenring

Die richtige Antwort ist c:
Der Spitzenring erfährt die größte Belastung bei Wurf, Drill und Landung des Fisches. Daher ist bei ihm auf besondere Qualität Wert zu legen. Normale Ringe ohne Einlagen können von der Schnur eingeschnitten werden. Ringe mit Keramik- oder Aluminiumoxideinlage widerstehen diesen Kräften.

Was ist der Unterschied zwischen Stationär- und Multi-/Nottinghamrolle?

a. Die Stationärrolle ist größer
b. Die Stationärrolle faßt mehr Schnur
c. Die Rollenachse ist vertikal zur Wurfrichtung angebracht

Die richtige Antwort ist c:
Im Gegensatz zu den Multirollen liegt bei der Stationärrolle die Achse in Wurfrichtung. Dabei wird die Schnur durch einen sogenannten Schnurfangbügel quer zur Wurfrichtung wieder auf die Spule gewickelt. Daher auch der Name Querwinderrolle.

Für welche Fischerei- und Fangmethode ist die Stationärrolle besonders geeignet?

a. Für alle Fangmethoden
b. Für das Spinn- und Fliegenfischen
c. Für das Spinn-, Stipp- und Grundangeln

Die richtige Antwort ist c:
Für die meistpraktizierten Angelmethoden wie das Stipp-, Spinn- und Grundfischen eignet sich die Stationärrolle besonders. Sie kann aber auch beim leichten Fischen im Salzwasser verwendet werden. Dagegen ist sie untauglich für das Fliegenfischen sowie das schwere Fischen im Meer.

Welches Mißgeschick kann bei der Handhabung mit der Stationärrolle auftreten?

a. Die Schnur verklemmt sich im Schnurfangbügel
b. Die Schnur reißt während des Wurfes
c. Der Schnurfangbügel schlägt während des Wurfes zurück

Die richtige Antwort ist c:
Bei alten Rollenmodellen kommt es vor, daß der Schnurfangbügel nicht sauber einrastet. In diesem Fall kann er während der Wurfphase zurückschlagen und die Schnur abrupt abbremsen.

Bei welcher Angelart findet die Multirolle ihre Verwendung?

a. Bei allen Angelarten
b. Für die Stippfischerei
c. Für das Schlepp-, Spinn-, Grund- und Hochseefischen

Die richtige Antwort ist c:
Die Multirolle ist besonders geeignet für das Schlepp-, Spinn- und Grundangeln. Große Multirollen mit einer Schnurfassung von teilweise bis zu 1000 m Schnur von über 50 kg Tragkraft werden für das Hochseeangeln eingesetzt. Mit Multirollen ist ein besonders direkter Kontakt mit dem Fisch möglich. Sie verhindert auch zuverlässig jeglichen Schnurdrall.

Inwieweit beeinflussen Knoten die Reißfestigkeit der Angelschnüre?

a. Sie erhöhen die Festigkeit
b. Sie vermindern die Festigkeit
c. Sie haben keinen Einfluß

Die richtige Antwort ist b:
Knoten sind für die Angelei besonders wichtig. Mit Knoten werden Schnüre verbunden, Wirbel angeknüpft und Haken befestigt. Dafür wurden spezielle Knoten entwickelt. Alle Knoten vermindern die Reißfestigkeit der Angelschnur. Bei einigen Spezialknoten beträgt dieser Verlust nur 1 bis 2 %.

Durch welchen Umstand können Schnüre an ihrer Oberfläche rauh werden?

a. Produktionsbedingt
b. Falsches Werfen
c. Beschädigte Ringe

Die richtige Antwort ist c:
Alte Stahlringe an der Angelrute können im Laufe der Zeit von den Schnüren beschädigt werden. Es entstehen kleine Risse, welche die Angelschnur aufrauhen und ebenfalls beschädigen. Neuere Angelruten haben Ringe mit Keramik oder Aluminiumoxideinlage. Diese Ringe können von monofiler Angelschnur nicht mehr beschädigt werden. Hier können nur gebrochene Ringe die Schnur beschädigen. Aufgerauhte Schnur verliert ihre Tragkraft.

Was ist ein Pilker?

a. Eine bestimmte Köderfischart
b. Ein schwerer Kunstköder
c. Der Name eines erfolgreichen Fischers

Die richtige Antwort ist b:
Pilker sind sehr beliebte, schwere Metallköder zum Fang von vielen Salzwasserfischen. Vom Boot aus wird der Pilker bis zum Grund abgelassen. Dort verleitet er durch Heben und Senken der Rutenspitze Dorsche und ähnliche Fische zum Anbiß. Die Fischereimethode mit diesem Kunstköder wird als Pilken bezeichnet.

Welche Schnurstärken verwendet man für den Fang von Zander, Döbel und Forellen?

a. 0,15 bis 0,25 mm
b. 0,25 bis 0,35 mm
c. 0,35 bis 0,45 mm

Die richtige Antwort ist b:
Zander und Forellen können bis zu 10 kg schwer werden. Aber auch der kämpferische Döbel erreicht ein Gewicht bis 5 kg. Daher ist es notwendig, beim Beangeln dieser Fischarten eine Schnur von 0,25 mm bis 0,35 mm Stärke zu wählen.

Welche Schnurstärken verwendet man beim Fang von schweren Fischen, wie Karpfen, Hecht und Aal?

a. 0,15 bis 0,25 mm
b. 0,25 bis 0,35 mm
c. 0,35 bis 0,45 mm

Die richtige Antwort ist c:
Für die schwere Grundangelei auf Karpfen, Aal sowie für die schwere Raubfischangel auf den Hecht sollte eine Schnur von mindestens 0,35 mm Durchmesser Anwendung finden.

Welche Schnurstärken genügen zum Fang von kleinen Weißfischen wie Rotaugen, Rotfedern oder Brassen?

a. 0,15 bis 0,25 mm
b. 0,30 bis 0,40 mm
c. 0,50 bis 0,60 mm

Die richtige Antwort ist a:
Für kleinere Weißfischarten, wie Rotaugen und Rotfeder, aber auch den temperamentlosen Brassen, genügt eine Schnurstärke von 0,15 mm bis 0,25 mm. Moderne Schnüre erreichen bei diesem Durchmesser über 5 kg Tragkraft, z. B. 0,25 mm = 5,3 kg Tragkraft.

Welches ist die Mindestlänge des Stahlvorfaches zum Fang von Hechten mit dem toten Köderfisch?

a. 35 cm
b. 20 cm
c. 15 cm

Die richtige Antwort ist a:
Das Stahlvorfach für die Hechtangelei mit Köderfischen sollte eine Mindestlänge von 35 cm haben. Große Hechte packen ihre Beute in blitzartigem Überfall und schlucken diese sofort. Daher würden kürzere Stahlvorfächer nicht ausreichen. Der Hecht würde in diesem Fall die monofile Schnur mit seinen Zähnen durchbeißen.

Was ist die Mindestlänge des Stahlvorfaches bei der Raubfischangelei mit einem künstlichen Köder, Blinker, Spinner und Wobbler?

a. 10 cm
b. 15 cm
c. 30 cm

Die richtige Antwort ist b:
Beim Angeln mit dem Kunstköder genügt in der Regel ein Stahlvorfach von 15 cm Länge. Bei dieser Fischereimethode hat der Raubfisch nicht die Möglichkeit, den Köder zu schlucken, da der Anhieb unmittelbar auf den Anbiß erfolgt.

Gerätekunde

Was ist ein Drilling?

a. Ein Haken mit drei Spitzen
b. Wenn drei Angler gemeinsam zum Angeln gehen
c. Drei Ruten in einem Futteral

Die richtige Antwort ist a:
Ein Drilling ist ein Haken mit drei Spitzen. Drillinge werden beim Fang von Raubfischen eingesetzt.

Was ist der Unterschied zwischen Spinner und Blinker?

a. Spinner sind größer als Blinker
b. Der Spinner dreht sich um seine eigene Achse
c. Spinner glitzern mehr

Die richtige Antwort ist b:
Wie der Name Spinner schon sagt, unterscheidet sich dieser vom Blinker durch seine Rotation um die eigene Achse. Beide Namen dieser Kunstköder kommen aus dem englischen und beschreiben ihre Charakteristik (englisch: to spin, deutsch: sich drehen um; englisch: to blink, deutsch: aufblitzen, blitzen).

Welche Hakenform wird beim Fliegenfischen verwendet?

a. Plättchenhaken
b. Öhrhaken
c. Limerickhaken

Die richtige Antwort ist b:
Alle Fliegen werden auf Öhrhaken gebunden.

Welches ist die Standardlänge einer Einhandspinnrute?

a. 1,50 bis 2,10 m
b. 2,40 bis 2,80 m
c. 3,10 bis 5,00 m

Die richtige Antwort ist a:
Zum Spinnfischen benötigt man eine kurze handliche Rute, mit der man längere Zeit ohne große Kraftaufwendung weit und genau werfen kann. Da immer unmittelbarer Kontakt mit dem Köder besteht, kann der Anhieb auch mit einer kurzen Rute gesetzt werden. Die normale Einhandspinnrute ist bis 2,10 m lang.

Welche Regel gilt bei der Kombination von Haken, Schnur und Rute?

a. Großer Haken, steife Rute, dünne Schnur
b. Starke Schnur, kleiner Haken, weiche Rute
c. Großer Haken, starke Schnur, steife Rutenspitze

Die richtige Antwort ist c:
Haken, Schnur und Rute müssen immer aufeinander abgestimmt sein. Das bedeutet: Bei Verwendung eines großen Hakens benutzt man eine starke Schnur und eine steife, kräftige Rutenspitze. Fischt man umgekehrt lieber mit einem kleinen Haken, kann die Schnur auch dünner gewählt werden und die Rutenspitze entsprechend weich sein.

Was ist ein Laufblei?

a. Ein Lochblei
b. Ein Grundsucher
c. Ein Vorschaltblei

Die richtige Antwort ist a:
Beim Grundangeln findet das Laufblei seine Verwendung. Mit ihm ist es möglich, auch auf große Entfernung mit feinen Ködern zu fischen. Durch die Laufbleimontage spürt der Fisch beim Anbiß keinen Widerstand, da die Schnur durch das Loch im Laufblei widerstandslos durchgezogen werden kann.

Was ist ein Gaff?

a. Eine optische Suchhilfe zum Auffinden bestimmter Fischarten
b. Ein Landegerät für große Fische
c. Eine Rutenauflage

Die richtige Antwort ist b:
Das Gaff findet beim Anlanden von besonders großen Fischen seinen Einsatz. Sehr häufig findet man ein Gaff bei der Bootsangelei im Meer. Es handelt sich hierbei um einen großen gebogenen Haken an einem Stiel, mit dessen Hilfe man den Fisch an Bord bzw. an Land ziehen kann.

Was ist eine Rachensperre?

a. Eine Infektionskrankheit
b. Ein notwendiges Zubehör beim Raubfischangeln
c. Eine Spezialrolle

Die richtige Antwort ist b:
Zum gefahrlosen Lösen des Hakens aus den bezahnten Kiefern eines Raubfisches ist die Rachensperre notwendig. Mit Hilfe der Rachensperre wird das Maul des gefangenen Raubfisches sicher während dieser Aufgabe geöffnet.

Was ist eine Senke?

a. Ein Lotblei
b. Ein Kühlbehälter
c. Ein Netz zum Köderfischfang

Die richtige Antwort ist c:
Mit der Senke fängt man kleine Köderfische.

Für das Verhältnis von Schnurdurchmesser zur Rutenspitze gibt es eine Faustregel. Welche?

a. 1:100
b. 1: 50
c. 1: 10

Die richtige Antwort ist c:
Die Schnurstärke sollte ca. 10 % des Rutenspitzendurchmessers betragen (z. B. Schnurstärke 0,20 mm, Rutenspitzendurchmesser 2 mm). Diese Relation gilt auch bei Verwendung von stärkeren Ausrüstungen.

Welche Hakenformen eignen sich zum Anbinden?

a. Öhr- und Plattenhaken
b. Limerickhaken
c. Dünnschenkelige Haken

Die richtige Antwort ist a:
Es gibt zwei Möglichkeiten, Haken an der Schnur zu befestigen. Die erste Möglichkeit ist der Öhrhaken. Hier wird die Schnur an einem offenen Auge am oberen Ende des Hakenschenkels befestigt. Bei dem Plättchenhaken befindet sich an dieser Stelle eine Platte. Die Schnur wird am Hakenschenkel angebunden. Die Platte verhindert das Darüberrutschen der Schnur.

Was ist ein Wobbler?

a. Ein Lockmittel zum Fangen von Fischen
b. Ein künstlicher Köder für den Raubfischfang
c. Eine spezielle Hakenform

Die richtige Antwort ist b:
Wobbler sind Kunstköder. Es gibt sie in sinkender und schwimmender Ausführung. Sie dienen dem Fang von Raubfischen.

Was ist Paternoster-Angeln?

a. Eine verbotene Angelmethode
b. Eine Angelmethode mit beweglichen Seitenarmen
c. Angeln mit zwei Ruten übereinander

Die richtige Antwort ist b:
Als Paternoster-Angelei bezeichnet man das Fischen mit einem oder mehreren beweglichen Seitenarmen, wobei ein Blei am Ende der Schnur diese gespannt hält. Sehr beliebt ist diese Methode bei der Fischerei im Salzwasser auf Makrele, Dorsch usw.

Was versteht man unter dem Begriff Naßfischen bei der Fliegenfischerei?

a. Man fischt im Wasser stehend
b. Besonders erfolgreiches Fischen im Regen
c. Das Fischen mit der künstlichen Fliege unter Wasser

Die richtige Antwort ist c:
Als Naßfischen bezeichnet man das Fischen mit der künstlichen Fliege unter Wasser. Dabei kommen verschiedene Varianten zum Einsatz. Mit den Nymphen wird z. T. knapp über Gewässergrund gefischt, wohingegen die typische Naßfliege knapp unter der Wasseroberfläche angeboten wird.

Wie liest sich die Hakenskala von 1 bis 18?

a. 18 ist der größte Haken
b. 1 ist der größte Haken
c. Die Vergabe ist willkürlich und von Hersteller zu Hersteller unterschiedlich

Die richtige Antwort ist b:
Die Hakenskala von 1 bis 18 bezeichnet die verschiedenen Hakengrößen, dabei ist der Haken mit der Größe 1 die größte Ausführung. Mit 18 wird der kleinste Haken bezeichnet.

Welches ist das heute gebräuchlichste Material zur Herstellung von Angelruten?

a. Aluminium
b. Holz
c. Glasfaser und Kohlefaser

Die richtige Antwort ist c:
Seit über 30 Jahren findet beim Angelrutenbau nur noch Glasfaser und in den letzten 10 Jahren immer mehr Kohlefaser Anwendung. Holz oder Aluminiumruten werden nicht mehr professionell hergestellt.

145

Gerätekunde

Der Gesetzgeber schreibt zwingend gewisse Angelgeräte vor, die beim Fischen mitgeführt werden müssen. Welche sind dies?

   a. Kescher, Zentimetermaß, Fischtöter, Hakenlöser, Messer

   b. Angelrute, mindestens 100 m Schnur, Hut

   c. Fischereischein, Setzkescher, Ersatzpose

Die richtige Antwort ist a:
Der Gesetzgeber schreibt klar vor, daß zur waidgerechten Ausübung des Angelns folgende Ausrüstungsgegenstände mitgeführt werden müssen: ein Unterfangkescher zum sicheren Landen des Fisches, ein Maßband zur Feststellung der genauen Größe der Beute, ein Fischtöter zum waidgerechten Betäuben, ein Messer für den Herzstich sowie eine Hakenlösezange oder ein Hakenlösegerät zur waidgerechten Entfernung des Hakens. Dieser muß so konstruiert sein, daß auch untermaßige Fische schonend gelöst und unverletzt in das Wasser zurückgesetzt werden können.

Welche Länge haben die gebräuchlichsten Grundruten?

   a. 1,50 bis 2,30 m

   b. 2,00 bis 2,70 m

   c. 3,00 bis 6,00 m

Die richtige Antwort ist c:
Die meisten Grundruten haben eine Länge von mindestens 3,00 m. Je nach Fischereimethode und zu beangelnder Fischart ist das Wurfgewicht zwischen 30 und 150 g.

Welche Dinge muß der Angler vor dem Angeln überprüfen?

   a. Ringe, Schnur und Bremskraft der Rolle

   b. Fischereischein, Köder und Dichtigkeit des Regenzeugs

   c. Justierung der Waage und sorgfältiges Fetten der Schnur

Die richtige Antwort ist a:
Zum erfolgreichen und waidgerechten Fang von Fischen ist es notwendig, daß Rutenringe und Schnur sich in einem tadellosen Zustand befinden. Daher überprüft man die Ringe auf Beschädigungen sowie die Schnur auf ihre Qualität und Tragfähigkeit. Wenn man zu guter Letzt noch die Bremskraft der Rolle adäquat zur Schnurstärke einstellt, kann einem erfolgreichen Angeltag nichts mehr im Wege stehen.

Wozu dient ein vorgeschalteter Wirbel bei der Spinnfischerei?

   a. Er erhöht den Reizeffekt des Kunstköders

   b. Er verhindert ein Verhängen der Schnur während des Wurfes

   c. Er verhindert den Schnurdrall

Die richtige Antwort ist c:
Die bei der Spinnfischerei verwendeten Kunstköder, wie Blinker und Spinner, locken durch ihre taumelnden Bewegungen den Raubfisch. Diese Taumelbewegungen werden ohne den Wirbel als Drall auf die Schnur übertragen. Nur mit dem Wirbel kann dieser Schnurdrall vermindert bzw. verhindert werden.

Was ist die Standardlänge einer Zweihandspinnrute?

   a. 1,50 bis 2,00 m

   b. 2,40 bis 3,00 m

   c. 3,50 bis 5,00 m

Die richtige Antwort ist b:
Zweihandspinnruten haben eine Länge von 2,40 m bis 3,00 m. Das lange Handteil ermöglicht beidhändiges Werfen auf größere Entfernungen.

Welche technische Eigenschaft bei den Stationärrollen ist am wichtigsten für den sicheren Fang eines Fisches?

   a. Der Rollenfuß

   b. Das Gehäuse

   c. Die Bremse

Die richtige Antwort ist c:
Die Bremse und ihre feine Justierbarkeit sind Grundvoraussetzung für den erfolgreichen Fang eines Fisches.

Darf mit Zwillings- oder Drillingshaken auch auf Friedfische geangelt werden?

   a. Nein

   b. Ja

   c. Nur bei Verwendung von Kartoffeln oder Obst als Köder

Die richtige Antwort ist a:
Nein. Grundsätzlich ist die Verwendung von Mehrfachhaken zum Friedfischangeln nicht erlaubt. Zwillings- und Drillingshaken finden nur Einsatz beim Beangeln von Raubfischen.

Notizen